BÖBREK VE KIZARTMASININ KUTSAL KİTAPLARI

HIZLI VE KOLAY BIR ŞEKILDE
HAZIRLAYABILECEĞINIZ 100 LEZZETLI VE
LEZZETLI TARIF

Berfin Taş

İÇİNDEKİLER

3

GİRİİŞ

Tanım olarak, börekler temel olarak üç kategoriye ayrılan kızarmış yiyeceklerdir:

- Kızartılmış Chou hamuru kekleri veya mayalı hamur.

- Hamurla kaplanmış ve derin yağda kızartılmış et, deniz ürünleri, sebze veya meyve parçaları.

- Mısır börekleri gibi hamur içinde doğranmış yiyeceklerden oluşan küçük kekler.

Börek son derece çok yönlü bir besindir. Garnitür, meze, atıştırmalık veya tatlı olabilirler. Başlangıçta Japonya'da 16. yüzyılda tanıtıldılar ve bu on yılda giderek daha popüler hale geldiler.

Başlamak için Temel İpuçları

1. Yağdan korkma. Tavaya yeterince eklediğinizden emin olun, çünkü bu böreklere gevreklik, güzel renk ve lezzetli bir tat vermeye yardımcı olacaktır.

2. Bırak cızırdasın! Pişirmeden önce tavanızın uygun şekilde ısıtılması gerekir. Börek tavaya çarptığında cızırdamıyorsa, hazır olmadığını bilirsiniz!

3. Tencereyi aşırı doldurmayın, çünkü bu, tencerenin sıcaklığının düşmesine neden olarak gevşek, az pişmiş böreklere neden olur.

1. Camembert börek

Verim: 10 Porsiyon

İÇINDEKILER

- 3 yemek kaşığı Tereyağı/margarin

- 3 yemek kaşığı Çok amaçlı un

- 1 su bardağı Süt

- 4 ons   kamember peyniri

- tatmak için tuz

- Acı biber tadı

- 1 büyük yumurta

- 1 yemek kaşığı Tereyağı/margarin

- $\frac{1}{2}$ su bardağı İnce ekmek kırıntıları

TALİMATLAR

a) Tereyağını med üzerinde ağır bir tencerede eritin. sıcaklık. Unu hızlıca karıştırın. Sütü azar azar ilave ederek iyice karıştırın. Kaynatın, peyniri sosa ekleyin ve eriyene kadar karıştırın. Tat vermek için tuz ve acı biber ekleyin.

b) Karışımı yarım parmak kalınlığında fırın tepsisine yayın. Peynir karışımını kareler halinde kesin.

c) Yumurtaları suyla çırpın. Peynir parçalarını ekmek kırıntılarında yuvarlayın ve ardından yumurta karışımına

8

batırın. Onları tekrar kırıntıların içinde yuvarlayın ve fazla kırıntıları silkeleyin.

d) Peynir parçalarını birer birer yağın içine bırakın. Sadece altın kahverengi olana kadar kızartın.

2. Karnabahar-çedarlı börek

Verim: 24 Porsiyon

İÇİNDEKİLER

- $1\frac{1}{2}$ su bardağı Çok amaçlı un

- 2 çay kaşığı kabartma tozu

- $\frac{1}{2}$ çay kaşığı Tuz

- 2 su bardağı doğranmış karnabahar

- 1 su bardağı rendelenmiş Cheddar peyniri

- 1 yemek kaşığı doğranmış soğan

- 1 büyük yumurta

- 1 su bardağı Süt

- Sebze yağı

TALİMATLAR

a) İlk 3 Malzemeyi Büyük Bir Kasede Birleştirin; Karnabahar, Peynir ve Soğanı karıştırın.

b) Yumurta ve Sütü Birlikte Çırpın. Sadece Nemlenene Kadar Çırparak Un Karışımına Ekleyin.

c) Hollanda Fırınına 2 İnç Derinliğe kadar Bitkisel Yağ dökün; 375 Dereceye kadar ısıtın f. Hamuru Yuvarlak Yemek Kaşığıyla Yağa Bırakın ve Her Tarafı 1 Dakika veya Börekler

11

Altın Kahve Olana Kadar Kızartın. Kağıt Havluların Üzerine İyice Süzün ve Hemen Servis Edin.

3. Peynir dolması patates börek

Verim: 5 Porsiyon

İÇINDEKILER

- 2 pound Fırında patates, pişmiş

- ⅓su bardağı Tereyağı, yumuşatılmış

- 5 Yumurta sarısı

- 2 yemek kaşığı Maydanoz

- 1 çay kaşığı Tuz

- ½ çay kaşığı Biber

- Bir tutam hindistancevizi

- 4 ons mozzarella peyniri

- Çok amaçlı un

- 2 büyük Yumurta, hafifçe dövülmüş

- 1½ fincan İtalyan ekmek kırıntısı

TALİMATLAR

a) Patatesleri ve tereyağını geniş bir karıştırma kabında birleştirin; elektrikli karıştırıcı ile orta hızda pürüzsüz olana kadar çırpın. Sarısı ve sonraki 4 malzemeyi iyice karıştırarak ekleyin. Patates karışımını 10 parçaya bölün. Her porsiyonu bir dilim peynirin etrafına sarın; oval şeklinde şekillendiriyoruz.

14

b) Her birini unla hafifçe tozlayın; çırpılmış yumurtaya batırın ve İtalyan Ekmeği kırıntılarına bulayın. 20 dakika soğutun.

c) Hollandalı bir fırında 4 inç derinliğe kadar yağ dökün 340 dereceye ısıtın. Bir seferde birkaç börek kızartın, bir kez dönerek 8 dakika.

4. Armut ve çedarlı börek

Verim: 1 Porsiyon

İÇINDEKILER

- 4 orta boy Bartlett armudu; soyulmuş
- 16 dilim Keskin çedar peyniri
- $\frac{1}{2}$ su bardağı Çok amaçlı un
- 2 büyük Yumurta; karıştırmak için dövülmüş
- 2 su bardağı taze beyaz ekmek kırıntısı

TALİMATLAR

a) Her armutun karşılıklı kenarlarından 3 ince dikey dilim kesin; çekirdekleri atın.

b) Armut ve peynir dilimlerini dönüşümlü olarak, 8 böreğin her biri için 3 armut dilimi arasına 2 peynir dilimini yerleştirin. Her peynirli armut sandviçini sıkıca bir arada tutarak, hafifçe un, ardından yumurta, ardından ekmek kırıntıları ile kaplayın, tamamen kaplayın ve kırıntıları yapışması için bastırın.

c) Ağır büyük tavaya 1 inç derinliğe kadar yağ dökün ve 350F'ye ısıtın. Börekleri altın rengi olana kadar her iki tarafta yaklaşık 2 dakika oluklu kaşıkla çevirerek pişirin. Kağıt havluların üzerine boşaltın.

5. Ricotta ve kestane börek

Verim: 4 Porsiyon

İÇINDEKILER

- 1 su bardağı Taze ricotta
- 3 büyük Yumurta
- $\frac{1}{2}$ su bardağı Parmigiano-Reggiano peyniri
- $\frac{1}{4}$ su bardağı kestane unu
- 1 su bardağı ince kıyılmış kavrulmuş kestane
- 1 adet hamsi filetosu olabilir
- 6 diş sarımsak; ince doğranmış
- $\frac{1}{2}$ su bardağı Sızma zeytinyağı
- 6 yemek kaşığı Tuzsuz tereyağı
- 1 litre Saf zeytinyağı

TALİMATLAR

a) Büyük bir karıştırma kabına ricotta peyniri, 2 yumurta ve $\frac{1}{2}$ fincan Parmigiano-Reggiano koyun ve iyice karıştırın. Kestane ununu elinizle kurabiye gibi pürüzsüz bir hamur elde edene kadar karıştırın.

b) Küçük bir kapta kalan yumurtayı çırpın. Az miktarda ricotta karışımı alın ve 2 inçlik bir top yapın. Topu dikkatlice çırpılmış yumurta ile örtün ve hala ıslakken doğranmış kestaneleri serpin.

c) Bu sırada küçük bir sos tenceresine hamsileri, meyve suları, sarımsak ve $\frac{1}{2}$ su bardağı zeytinyağını koyup orta ateşte karıştırın. Hamsileri püre haline getirin. 1 yemek kaşığı tereyağını eriyene ve pürüzsüz hale gelene kadar karıştırın.

d) Ricotta toplarını kızgın yağda altın sarısı olana kadar kızartın.

6. Gruyere peynirli börek

Verim: 1 Porsiyon

İÇINDEKILER

- 4 dilim tost, her biri 1 3/8 inç kalınlığında

- $2\frac{1}{2}$ sıvı ons Beyaz şarap

- $5\frac{1}{2}$ ons Gruyere peyniri, rendelenmiş

- 1 yumurta

- Kırmızı biber

- Biber

TALİMATLAR

a) Tost dilimlerini biraz şarapla ıslatın ve fırın tepsisine dizin.

b) Şarabın geri kalanını peynir, yumurta ve baharatlarla oldukça kalın bir macun kıvamına gelene kadar karıştırın ve tost ekmeğinin üzerine yayın.

c) Daha fazla kırmızı biber ve karabiber serpin. Peynir erimeye başlayana kadar çok sıcak bir fırında (445 derece F/Gaz işareti 8) kısaca pişirin, hemen servis yapın.

7. Morina, deniz tarağı ve mısır börek

Verim: 1 Porsiyon

İÇINDEKILER

- 2 Yumurtalar, iyi dövülmüş

- $\frac{1}{4}$ bardak Clam sıvısı

- $\frac{1}{4}$ su bardağı Süt

- 1 yemek kaşığı Yağ

- $1\frac{1}{2}$ su bardağı Un

- 1 çay kaşığı Kabartma tozu

- tatmak için tuz

- 1 su bardağı iyi süzülmüş çekirdek mısır

- $\frac{1}{2}$ fincan İyi süzülmüş kıyılmış istiridye

TALİMATLAR

a) Yumurtaları çırp; süt, midye sıvısı, yağ ekleyin ve iyice karışana kadar çırpın.

b) Un, kabartma tozu ve tuzu karıştırın. İyice karışana kadar çırpın. Mısır ve midyeleri ekleyin. Yuvarlak kaşıklarla kızgın yağa bırakın. Her iki tarafı da kızarana kadar pişirin. Kağıt havluların üzerine boşaltın.

8. kabuklu börek

Verim: 50 Porsiyon

İÇINDEKILER

- 2 £   Conch, ince doğranmış

- 1 su bardağı limon suyu

- ¼ su bardağı Zeytinyağı

- 1 adet yeşil dolmalık biber

- 1 kırmızı dolmalık biber

- 1 büyük soğan, ince doğranmış

- 4 Çırpılmış yumurtalar

- 2 bardak un

- 1 çay kaşığı Tuz

- 1 çay kaşığı Cajun baharatı

- 6 tire   Tabasco sosu

- 3 çay kaşığı Kabartma tozu

- 5 yemek kaşığı margarin, eritilmiş

- Kızartmak için bitkisel yağ

TALİMATLAR

a) Kabukluyu 1 su bardağı limon suyu ve $\frac{1}{4}$ su bardağı zeytinyağında en az 30 dakika marine edin; boşaltmak.

b) Tüm Malzemeler birlikte karıştırılır. SICAK bitkisel yağda altın rengi olana kadar yaklaşık 3-5 dakika kızartın. Kırmızı kokteyl sosu veya tartar sosu ile servis yapın.

9. Konserve midye börek

Verim: 12 Porsiyon

İÇİNDEKILER

- 1 yumurta; iyi dövülmüş
- ½ çay kaşığı Tuz
- ⅛ çay kaşığı Karabiber
- ⅔ su bardağı beyaz buğday unu
- 1 çay kaşığı Kabartma tozu
- ¼ fincan Konserve istiridye suyu veya süt
- 1 yemek kaşığı tereyağı; erimiş
- 1 su bardağı kıyılmış konserve istiridye; boşaltılmış
- Yağ veya berrak tereyağı
- ¼ su bardağı ekşi krema veya yoğurt
- 1 çay kaşığı dereotu; tarhun veya kekik

TALİMATLAR

a) En son midyeleri ekleyerek tüm malzemeleri yavaşça karıştırın. Sıcak yağlanmış bir kalbur veya bir demir tava üzerine her börek için 2 tepeleme yemek kaşığı bırakın.

b) Baloncuklar kırıldığında, börekleri çevirin.

c) Bir parça otlu ekşi krema, yoğurt veya tartar sos ile sıcak servis yapın.

10. Yengeç ve avokado börek

Verim: 4 Porsiyon

İÇINDEKILER

- 2 £   Yengeç eti

- Tuz

- 1 su bardağı doğranmış yeşil soğan

- $\frac{1}{4}$ su bardağı kuru galeta unu

- 1 orta boy Avokado, soyulmuş ve doğranmış

- Kızartma için Mısır Yağı

- Çok Amaçlı Un

- İnce dilimlenmiş yeşil soğan

- 2 yumurta

- $\frac{1}{2}$ su bardağı Acı biber salsa

TALİMATLAR

a) Yengeç, 1 c yeşil soğan ve avokadoyu büyük bir kapta birleştirin. Yumurta, salsa ve tuzu karıştırın; yengeç ekleyin. Ekmek kırıntılarında karıştırın. Karışımı $1\frac{1}{2}$ inç toplar haline getirin.

b) Yağı 3 inç derinliğe kadar büyük tavaya dökün.

c) 350 dereceye kadar ısıt

d) Un ile toz börek. Partiler halinde dikkatlice yağlayın (kalabalık yapmayın) ve altın kahverengi olana kadar, her iki tarafta yaklaşık 2 dakika pişirin.

e) Kağıt havluların üzerine boşaltın. Hazırlanan tabakaya aktarın ve hepsi pişene kadar fırında sıcak tutun. Yeşil soğan dilimleri ile süsleyin ve hemen servis yapın

11. kerevit börek

Verim: 6 Porsiyon

İÇINDEKILER

- 1 su bardağı kerevit kuyrukları

- $\frac{1}{4}$ fincan Pimientos, doğranmış

- $\frac{1}{4}$ fincan Yeşil soğan, doğranmış

- 2 bardak un

- 1 çay kaşığı kabartma tozu

- $\frac{1}{2}$ çay kaşığı Tuz

- $\frac{1}{2}$ çay kaşığı Sıvı yengeç kaynatın

- $\frac{1}{2}$ su bardağı et suyu veya su

- kızartmalık yağ

TALİMATLAR

a) Kerevitlere pimientos ve yeşil soğan ekleyin. Un, kabartma tozu ve tuzu birlikte eleyin ve kerevitlere ekleyin. Et suyu veya su ekleyin ve kalın bir meyilli yapmak için karıştırın. Üzerini örtüp $\frac{1}{2}$ saat dinlendirin.

b) Hamuru kaşıkla dökün ve altın kahverengi olana kadar kızartın

12. deniz tarağı börek

Verim: 4 Porsiyon

İÇINDEKILER

- 1 pint istiridye
- 1 yemek kaşığı Kabartma tozu
- $1\frac{1}{2}$ çay kaşığı Tuz
- 1 su bardağı Süt
- 1 yemek kaşığı Tereyağı
- $1\frac{3}{4}$ fincan Un, çok amaçlı
- 1 çay kaşığı maydanoz, doğranmış
- 2 Çırpılmış yumurtalar
- 2 çay kaşığı Soğan, rendelenmiş

TALİMATLAR

a) Kuru malzemeleri birleştirin. Yumurta, süt, soğan, tereyağı ve istiridyeleri birleştirin. Kuru Malzemelerle birleştirin ve pürüzsüz olana kadar karıştırın. Meyilli çay kaşığı kullanarak 350 derece F'de sıcak yağa bırakın ve 3 dakika veya altın rengi kahverengi olana kadar kızartın.

b) Emici kağıt üzerine boşaltın.

13. Kahverengi pirinç börek

Verim: 6 Porsiyon

İÇINDEKILER

- 2 su bardağı Pişmiş kısa taneli kahverengi pirinç
- $\frac{1}{2}$ bardak) şeker
- 3 Yumurtalar; dövülmüş
- $\frac{1}{2}$ çay kaşığı Tuz
- $\frac{1}{4}$ çay kaşığı Vanilya
- 6 yemek kaşığı Un
- $\frac{1}{2}$ çay kaşığı Hindistan cevizi
- 3 çay kaşığı Kabartma tozu

TALİMATLAR

a) Pirinç, yumurta, vanilya ve hindistan cevizini birleştirin ve iyice karıştırın.

b) Kuru malzemeleri birlikte eleyin ve pirinç karışımına karıştırın. Kızgın derin yağa (360) kaşık kaşık atın ve kızarana kadar kızartın.

c) Emici kağıda boşaltın, pudra şekeri serpin ve sıcak servis yapın.

14. Mısır börek

Verim: 4 Porsiyon

İÇINDEKILER

- 10 ons Yeşil dev donmuş krema tarzı

- Derin kızartma için mısır yağı

- $\frac{1}{2}$ su bardağı Un

- $\frac{1}{2}$ su bardağı Sarı mısır unu

- 1 çay kaşığı Kabartma tozu

- 1 çay kaşığı Anında kıyılmış soğan

- $\frac{1}{2}$ çay kaşığı Tuz

- 2 Yumurtalar

TALİMATLAR

a) Açılmamış Mısır Torbasını 10 ila 15 Dakika Çözülmesi İçin Ilık Suya Yerleştirin.

b) Fritözde veya Ağır Tencerede 2 ila 3 İnç Yağı 375 Dereceye ısıtın. Orta Boy Kasede Çözülmüş Mısır ve Kalan Malzemeyi Birleştirin; İyi Birleşene Kadar Karıştırın.

c) Hamuru 375 Derece Kızgın Yağa Yemek Kaşığı Dökün. 2 ila 3 Dakika veya Altın Kahveye Kadar Kızartın. Kağıt Havlu Üzerine Drenaj

15. Siyah gözlü bezelye börek

Verim: 20 Porsiyon

İÇINDEKILER

- ½ pound Kara gözlü bezelye, ıslatılmış
- 4 diş sarımsak, ezilmiş
- 2 çay kaşığı Tuz
- 1 çay kaşığı Karabiber
- 4 yemek kaşığı Su
- kızartmalık yağ
- Tatmak için limon suyu

TALİMATLAR

a) Bezelye yumuşadığında, kabuklarını ovalayın ve 30 dakika daha ıslatın.

b) Süzün ve durulayın.

c) Bir mutfak robotunda bezelye, sarımsak, tuz ve karabiberi işleyin

d) İşleme devam ederken su ekleyin. Pürüzsüz, kalın bir püre elde etmek için yeterince su ekleyin.

e) Fırını 250F'ye ısıtın. Büyük bir tavada 2 ila 3 inç yağı ısıtın ve 1 küvet meyilli altın kahverengi olana kadar kızartın. Tüm hamur bu şekilde kızarana kadar tekrarlayın. Sıcak tutmak için fırında bekletin. Sıcak servis yapın, üzerine tuz ve limon suyu serpin.

16. bamya börek

Verim: 1 Porsiyon

İÇINDEKILER

- 1 su bardağı elenmiş ağartılmamış un

- $1\frac{1}{2}$ çay kaşığı Kabartma tozu

- 2 çay kaşığı Tuz

- $\frac{1}{4}$ çay kaşığı öğütülmüş karabiber

- $\frac{1}{4}$ çay kaşığı rendelenmiş hindistan cevizi

- 1 tutam Cayenne

- 2 su bardağı taze bamya - ince dilimlenmiş

TALİMATLAR

a) Malzemeleri İyi Bir Şekilde Birleştirin

b) Kaşıkla yağın içine atın. Altın rengi olana kadar, 3-5 dakika yüzene kadar pişirin ve sonra ters çevirin.

c) Kağıt havluların üzerine alıp dilerseniz dip sos ile sıcak servis yapın.

17. fasulye börek

Verim: 24 Börek

İÇINDEKILER

- 1 su bardağı bezelye, kara gözlü

- 2 Biber, kırmızı, sıcak; tohumlanmış, doğranmış

- 2 çay kaşığı Tuz

- Yağ, sebze; kızartma için

TALİMATLAR

a) Fasulyeleri bir gece önceden soğuk suda bekletin. Süzün, ovalayın ve kabuğunu atın, fasulyeleri tekrar soğuk suyla örtün ve 2-3 saat daha bekletin. Süzün, durulayın ve en iyi bıçağı kullanarak bir kıyma makinesinden geçirin veya bir elektrikli karıştırıcıda azar azar azaltın. Biberleri öğütün. Fasulyelere tuz ve biber ekleyin ve hafif ve kabarık olana ve hacimleri önemli ölçüde artana kadar bir tahta kaşıkla çırpın.

b) Yağı ağır bir tavada ısıtın ve karışımı her iki tarafta altın kahverengi olana kadar yemek kaşığı kadar kızartın. Kağıt havluların üzerine boşaltın. İçeceklerin yanında sıcak olarak servis yapın.

18. Zencefilli tatlı patates börekleri

Verim: 1 Porsiyon

İÇİNDEKILER

• A; (1/2 pound) tatlı patates

• $1\frac{1}{2}$ çay kaşığı kıyılmış soyulmuş taze zencefil

• 2 çay kaşığı Taze limon suyu

• $\frac{1}{4}$ çay kaşığı Kuru acı kırmızı biber gevreği

• $\frac{1}{4}$ çay kaşığı Tuz

• 1 büyük yumurta

• 5 yemek kaşığı Çok amaçlı un

• Derin kızartma için bitkisel yağ

TALİMATLAR

a) Bir mutfak robotunda rendelenmiş tatlı patatesi zencefil, limon suyu, kırmızı pul biber ve tuzla birlikte ince ince doğrayın, yumurtayı ve unu ekleyin ve karışımı iyice karıştırın.

b) Büyük bir tencerede yağı $1\frac{1}{2}$ inç ısıtın ve tatlı patates karışımından yemek kaşığını altın rengi olana kadar yağın içine bırakın.

c) Börekleri boşaltmak için kağıt havlulara aktarın.

19. patlıcanlı börek

Verim: 6 Porsiyon

İÇINDEKILER

- 2 Çırpılmış yumurtalar
- tatmak için tuz
- 2 yemek kaşığı Süt
- 2 Patlıcan (patlıcan), ince dilimlenmiş
- Derin kızartma için sıvı yağ

TALİMATLAR

a) Yumurta, tuz ve sütü karıştırarak bir hamur elde edin.

b) Patlıcan dilimlerini hamura batırın ve kaplanmış Patlıcan dilimlerini yağda orta ateşte eşit şekilde kızarana kadar kızartın.

20. enginarlı börek

Verim: 6 Porsiyon

İÇINDEKILER

- $\frac{1}{2}$ pound Enginar kalbi, pişmiş ve doğranmış

- 4 Yumurtalar, ayrılmış

- 1 çay kaşığı Kabartma tozu

- 3 Yeşil soğan, doğranmış

- 1 yemek kaşığı rendelenmiş limon kabuğu

- $\frac{1}{2}$ su bardağı Un

- Tatmak için biber ve tuz

- 1 yemek kaşığı Mısır nişastası

- 4 su bardağı Kızartma yağı, Fıstık veya mısır yağı

TALİMATLAR

a) Enginar kalplerini geniş bir kaseye koyun ve yumurta sarısı ve kabartma tozunu karıştırın. Yeşil soğan ekleyin. Limon kabuğuna katlayın. Un, tuz ve karabiberle karıştırın. Ayrı bir kapta yumurta akı ve mısır nişastasını tepecikler oluşana kadar çırpın. Yumurta aklarını enginar karışımına katlayın.

b) Yarım dolar büyüklüğündeki hamur hamurunu bir yemek kaşığı ile yağın içine bırakın. Altın kahverengi olana kadar kızartın

c) Delikli kepçe ile börekleri çıkarın ve kağıt havluların üzerine boşaltın.

21. Ravent pazı börek

Verim: 1 Porsiyon

İÇINDEKILER

- 8 saplı ravent pazı

- 1 su bardağı Un

- $\frac{1}{2}$ çay kaşığı Tuz

- $\frac{1}{8}$ çay kaşığı pul biber

- 1 Yumurta, hafifçe dövülmüş

- 2 yemek kaşığı sıvı yağ veya eritilmiş tereyağı

- $\frac{2}{3}$ su bardağı Süt

- Derin kızartma için sıvı yağ

TALİMATLAR

a) Un, tuz, kırmızı biber, yumurta, yağ veya tereyağı ve sütü karıştırın.

b) Kök parçalarını bu hamura batırarak üzerlerini iyice kapatın. 375 F'ye ısıtılmış derin yağda veya 1 inçlik bir küp ekmeği 1 dakikada kahverengileştirecek kadar sıcak olana kadar kızartın.

c) Ilık bir fırında kahverengi kağıt üzerine boşaltın

22. incir börek

Verim: 24 İncir

İÇINDEKILER

- 24 Sert olgun incir

- 2 Yumurta, ayrılmış

- $\frac{5}{8}$ su bardağı Süt

- 1 yemek kaşığı Yağ

- 1 tutam Tuz

- rendelenmiş limon kabuğu

- $20\frac{1}{2}$ ons Un

- 1 yemek kaşığı Şeker

- kızartmalık yağ

TALİMATLAR

a) Bir kapta yumurta sarılarını süt, yağ, tuz ve limon kabuğu ile çırpın. Un ve şekeri ekleyip güzelce karıştırın. Hamuru 2 saat soğutun.

b) Yumurta aklarını sertleşene kadar çırpın ve hamura ekleyin. İncirleri hamura batırın ve derin, kızgın yağda altın rengi olana kadar kızartın.

c) Kısaca süzün ve şeker serpin. Kayısı, muz ve diğer meyveler de aynı şekilde hazırlanabilir.

23. Şalgam börek ile karışık yeşillikler

Verim: 6 Porsiyon

İÇINDEKILER

- $\frac{1}{4}$ fincan tereyağı

- 1 su bardağı doğranmış soğan

- 1 su bardağı doğranmış yeşil soğan

- 2 Sap kereviz, doğranmış

- 2 yemek kaşığı İnce doğranmış zencefil

- 2 Diş sarımsak, ince doğranmış

- 1 pound Yeşil üstleri ile bebek şalgam

- 10 su bardağı Su

- 2 ekstra büyük tavuk bulyon küpü

- $\frac{1}{2}$ su bardağı kuru beyaz şarap veya su

- $\frac{1}{4}$ fincan Mısır nişastası

- 6 su bardağı dolu taze ıspanak yaprağı

- $1\frac{1}{4}$ çay kaşığı öğütülmüş karabiber

- $\frac{1}{2}$ çay kaşığı Tuz

- $\frac{1}{4}$ su bardağı elenmemiş çok amaçlı un

- 1 büyük yumurta, hafifçe dövülmüş

61

- Kızartmak için bitkisel yağ

TALİMATLAR

a) Yeşillikleri hazırlayın.

b) Soğutulmuş şalgamları kabaca rendeleyin. Rendelenmiş şalgamları, unu, yumurtayı ve kalan $\frac{1}{4}$ t biber ve tuzu birleştirin.

c) Tavaya bir çay kaşığı dolusu fritter karışımını ekleyin ve her iki tarafı da kahverengi olana kadar çevirerek kızartın.

24. tatlı kabak börek

Verim: 2 Porsiyon

İÇINDEKILER

- 2 yumurta

- ⅔su bardağı az yağlı süzme peynir

- 2 dilim Beyaz veya WW ekmeği ufalanmış

- 6 çay kaşığı şeker

- 1 çizgi Tuz

- ½ çay kaşığı Kabartma tozu

- 2 çay kaşığı Bitkisel yağ

- 1 çay kaşığı Vanilya özü

- ½ çay kaşığı öğütülmüş tarçın

- ¼ çay kaşığı Yer hindistan cevizi

- ⅛ çay kaşığı öğütülmüş yenibahar

- 2 yemek kaşığı kuru üzüm

- 1 su bardağı Son olarak soyulmamış rendelenmiş kabak

TALİMATLAR

a) Kuru üzüm ve kabak hariç tüm malzemeleri birleştirin.
   Pürüzsüz olana kadar karıştır. Karışımı bir kaseye dökün.
   Kabak ve kuru üzümleri yumurta karışımına karıştırın.

b) Yapışmaz bir tavayı veya ızgarayı orta yüksek ateşte önceden ısıtın. 4 inçlik kekler yaparak, büyük bir kaşıkla kalbur üzerine meyilli bırakın. Kenarlar kuru göründüğünde börekleri dikkatlice çevirin.

25. pırasalı börek

Verim: 4 Porsiyon

İÇINDEKILER

- 4 su bardağı doğranmış pırasa; (yaklaşık 2 pound)

- 1 yemek kaşığı Bitkisel yağ

- 1 yemek kaşığı Tereyağı

- 2 su bardağı kıyılmış kuzukulağı

- 2 yumurta

- $\frac{1}{4}$ su bardağı Un

- $\frac{1}{4}$ çay kaşığı Kuru limon kabuğu

- $\frac{1}{4}$ çay kaşığı Tatlı Köri Tozu

- $\frac{1}{4}$ çay kaşığı beyaz biber

- $\frac{1}{2}$ çay kaşığı Tuz

- Ekşi krema

TALİMATLAR

a) Pırasaları sıvı yağ ve tereyağında kızarana kadar yaklaşık 7 dakika soteleyin.

b) Kuzukulağı ekleyin ve soluncaya kadar 7 dakika daha pişirin. Soğuyunca yumurta, un ve baharatları çırpın. Pırasalara ekleyin.

c) Bir sote tavasında, yaklaşık $\frac{1}{4}$ fincan bitkisel yağı ısıtın. 2-$\frac{1}{2}$ "-3" gözleme yapmak için yeterli pırasa karışımında kepçe. İlk yüzünü 2-3 dakika, hafifçe kızarana kadar çevirin ve ikinci yüzünü yaklaşık 2 dakika pişirin.

d) Kağıt havluların üzerine alıp servis yapın.

26. Mercimek börek ve pancar Vinaigrette

Verim: 4 Porsiyon

İÇINDEKILER

- $\frac{1}{4}$ pound Kırmızı mercimek; pişmiş

- 1 yemek kaşığı kıyılmış taze dereotu

- 1 çay kaşığı kırmızı biber

- $\frac{1}{2}$ çay kaşığı Tuz

- $\frac{3}{4}$ pound Kırmızı patatesler; soyulmuş

- Zeytin yağı; kızartma için

- $\frac{1}{4}$ pound Pancar yaprağı; saplar kaldırıldı

- 1 yemek kaşığı Balzamik sirke

- $\frac{1}{2}$ çay kaşığı taş öğütülmüş hardal

- $\frac{1}{2}$ çay kaşığı Kapari

- Tuz

- Taze çekilmiş karabiber

- 3 yemek kaşığı Sızma zeytinyağı

TALİMATLAR

a) Mercimek püresini bir kaseye koyun, dereotu, kırmızı biber ve $\frac{1}{2}$ çay kaşığı tuzu karıştırın. Patatesleri kaseye rendeleyin ve karıştırmak için karıştırın.

70

b) Mercimek karışımını yarım dolar büyüklüğünde börek haline getirin ve kızarana kadar ince bir yağ tabakasında kızartın.

c) Sos: Sirke, hardal, kapari, tuz ve karabiberi küçük bir kaseye koyun. Zeytinyağını karışana kadar çırpın. Pancar yeşilliklerini tuzlu suda soluncaya kadar kaynatın. Servis

27. patlıcanlı börek

Verim: 4 Porsiyon

İÇINDEKILER

- 1 küçük patlıcan
- 1 çay kaşığı Sirke
- 1 yumurta
- $\frac{1}{4}$ çay kaşığı Tuz
- 3 yemek kaşığı Un
- $\frac{1}{2}$ çay kaşığı Kabartma tozu

TALİMATLAR

a) Patlıcanı soyup dilimleyin. Kaynar, tuzlu suda yumuşayana kadar pişirin. Sirke ekleyin ve renk atmasını önlemek için bir dakika bekletin. Patlıcanları süzün ve ezin.

b) Diğer Malzemelerde çırpın ve kaşıktan sıcak yağa bırakın, börekleri eşit şekilde kızarmaları için çevirin. Kağıt havluların üzerine iyice süzün ve sıcak tutun.

c) İnce doğranmış soğan, maydanoz vb. ilave edilebilir.

28. Körili havuçlu börek

Verim: 1 Porsiyon

İÇİNDEKİLER

- $\frac{1}{2}$ su bardağı Un

- 1 Yumurta, hafifçe dövülmüş

- 1 çay kaşığı köri tozu

- $\frac{1}{2}$ kilo havuç

- $\frac{1}{4}$ çay kaşığı Tuz

- $\frac{1}{2}$ fincan Düz bira

- 1 Yumurta beyazı

TALİMATLAR

a) Un, tuz, yumurta, 1 yemek kaşığı bitkisel yağ ve birayı pürüzsüz bir hamur elde etmek için karıştırın.

b) Köri tozunu karıştırın. Yumurta beyazını sertleşene kadar çırpın ve hamur haline getirin. Havuçları hafifçe katlayın.

c) Büyük bir kaşık dolusu karışımı 375 derecelik bitkisel yağa bırakın ve her iki tarafını da yaklaşık birer dakika pişirin.

29. kızarmış bezelye börek

Verim: 4 Porsiyon

İÇINDEKILER

- 2 su bardağı Tarla bezelye (pişmiş)

- 1 su bardağı Un

- 2 çay kaşığı kabartma tozu

- 1 çay kaşığı Biber

- $\frac{1}{2}$ çay kaşığı Tuz

- 1 yemek kaşığı köri tozu

- 2 yumurta

- $1\frac{1}{2}$ su bardağı Süt

TALİMATLAR

a) Tüm kuru malzemeleri karıştırın. Yumurta ve sütü çırpın. Un karışımına ekleyin. Haşlanmış bezelyeleri hafifçe karıştırın.

b) Kaşıktan $\frac{3}{4}$ inç sıcak yağa bırakın. Açık kahverengi olana kadar kızartın. 4-5 kişilik

30. Doldurulmuş patates börekleri

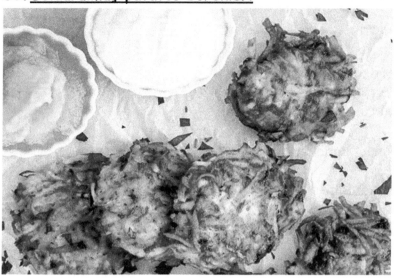

Verim: 1 Porsiyon

İÇİNDEKILER

- ¼ su bardağı Mısır yağı

- 3 orta boy (1-1 / 2 bardak) soğan; doğranmış

- 1 pound dana kıyma

- 1 çay kaşığı Tuz

- ½ çay kaşığı Biber

- 3 pound Patates; pişmiş ve püresi

- 1 yumurta; dövülmüş

- 1 çay kaşığı Tuz; ya da tatmak

- ½ çay kaşığı öğütülmüş tarçın

- ½ çay kaşığı Biber

- 1 su bardağı Matzoh yemeği

TALİMATLAR

a) Yağı bir tavada ısıtın ve soğanları orta ateşte altın rengi olana kadar kızartın. Sığır eti, tuz ve karabiber ekleyin ve karışım kuruyana ve tüm sıvı buharlaşana kadar karıştırarak kızartın. Patates püresi ekleyin.

b) Yarım su bardağı patates hamurunu avucunuzun içinde yuvarlak şekil verin. Ortasına 1 adet cömert iç harcı koyun ve hamuru hafifçe yassılaştırılmış sosis şeklinde katlayın.

c) Orta ateşte yağda iki tarafı da kızarana kadar kızartın.

31. mantarlı börek

Verim: 6 Porsiyon

İÇINDEKILER

- 1 fincan çok amaçlı un

- 1 12 oz. kutu bira

- $1\frac{1}{2}$ çay kaşığı Tuz

- $\frac{1}{4}$ çay kaşığı Karabiber

- 1 çay kaşığı kırmızı biber

- 1 pound Mantarlar

- Limon suyu

- Tuz

- 4 su bardağı Kızartmak için sıvı yağ

TALİMATLAR

a) Mantar, tuz ve limon hariç hepsini pürüzsüz olana kadar karıştırarak meyilli hazırlayın.

b) Mantarları biraz limon suyu ve tuz serpin.

c) Bir mantarı hamurun içine batırın ve altın rengi olana kadar kızgın yağa bırakın. Önceden pişirilmiş mantarları emici kağıt serilmiş bir tabaka üzerinde düşük bir fırında tutun.

32. soğanlı börek

Verim: 6 Porsiyon

İÇINDEKILER

- 1½ su bardağı mercimek veya nohut unu

- 1 çay kaşığı Tuz veya tadı

- 1 tutam Kabartma tozu

- 1 yemek kaşığı Zemin pirinç

- Bir tutam kimyon/biber tozu/kişniş

- 1 ila 2 taze yeşil biber

- 2 büyük Soğan, halka halka doğranmış ve ayrılmış

- Derin kızartma için sıvı yağ

TALİMATLAR

a) Unu eleyin ve tuz, kabartma tozu, öğütülmüş pirinç, kimyon, kişniş, pul biber ve yeşil biber ekleyin; iyice karıştırın. Şimdi soğanları ekleyin ve iyice karıştırın.

b) Yavaş yavaş su ekleyin ve yumuşak, kalın bir hamur oluşana kadar karıştırmaya devam edin.

c) Yağı ısıtın ve börekleri hafifçe kızartın, böylece ortadaki meyilli yumuşak kalırken dışı altın kahverengi ve gevrek olur. Bu, her parti için yaklaşık 12 ila 12 dakika sürmelidir.

d) Börekleri kağıt havluların üzerine boşaltın.

33. pakora

Verim: 12 Porsiyon

İÇINDEKILER

- 1 su bardağı Nohut unu

- $\frac{1}{2}$ su bardağı Ağartılmamış çok amaçlı un

- $\frac{1}{2}$ çay kaşığı kabartma tozu

- $\frac{3}{4}$ çay kaşığı krem tartar

- $\frac{1}{4}$ çay kaşığı Deniz tuzu

- 1 çay kaşığı kimyon tozu ve kişniş tozu

- 1 çay kaşığı Zerdeçal ve Cayenne biber

- 2 yemek kaşığı Limon suyu

- 1 su bardağı dilimlenmiş patates

- 1 su bardağı karnabahar çiçeği

- 1 su bardağı doğranmış dolmalık biber

TALİMATLAR

a) Unları, kabartma tozunu, tartar kremasını, tuzu ve baharatları karıştırın.

b) Ağır krema kıvamında pürüzsüz bir meyilli yapmak için su ve limon suyunu yavaş yavaş çırpın. Kenara koyun.

c) Kaplamak için sebzeleri hamura batırın. Sıcak yağa daldırın, altın kahverengi olana kadar yaklaşık 5 dakika eşit şekilde pişirin. Oluklu bir kaşıkla çıkarın ve emici kağıt üzerine boşaltın.

34. Yaban havucu ve havuçlu börek

Verim: 4 Porsiyon

İÇINDEKILER

- 225 gram Yaban havucu; rendelenmiş
- 2 orta boy Havuç; rendelenmiş
- 1 Soğan; rendelenmiş
- 3 yemek kaşığı Taze çekilmiş frenk soğanı
- Tuz ve taze çekilmiş karabiber
- 2 orta boy Yumurta
- $\frac{1}{2}$ paket Domuz Sosis
- 100 gram Güçlü Cheddar peyniri
- 40 gram Sade un
- 2 yemek kaşığı taze kıyılmış maydanoz

TALİMATLAR

a) Yaban havucu, Havuç, Soğan, Frenk Soğanı, Baharat ve Bir Yumurtayı İyice Karışana Kadar Karıştırın. Dörde Bölün, Kaba Kreplere Düzleştirin.

b) Büyük Bir Tavayı Isıtın ve Sosisleri Ara Sıra Altına Dönerek 10 Dakika Pişirin.

c) Bu arada, Krepleri Tavaya Ekleyin ve Altın Rengine Kadar Her Tarafını 3'er Dakika Kızartın

d) Sıkı Bir Macun Oluşturmak ve Büyük Bir Kütük Şeklinde Yuvarlamak için Kalan Malzemeleri Birlikte Karıştırın. Dörde bölün. Sosisleri doğrayın ve böreklerin arasına bölün. Her biri bir Peynir Dilimiyle.

e) Önceden Isıtılmış Izgara Altına Alın ve 5-8 Dakika Köpürene ve Eriyene Kadar Pişirin. Chives ve Chutneys ile süsleyerek hemen servis yapın.

35. patatinli börek

Verim: 4 Porsiyon

İÇINDEKILER

- 1 pound   Rus patates

- 4 litre   sızma zeytinyağı

- Tuz ve biber

TALİMATLAR

a) Patatesleri parmak büyüklüğünde eşit büyüklükte dilimler halinde kesin ve yeni soğuk suya koyun.

b) Yağı bir tencerede 385 F'ye ısıtın, yağ hacminin iki katı

c) Patatesleri birer birer ekleyin ve altın kahverengi olana kadar pişirin. Kağıt üzerine alıp süzün, tuz ve karabiber serpin ve mayonez ile servis yapın.

36. Patates ve cevizli börek

Verim: 4 Porsiyon

İÇINDEKILER

- 2 Haşlanmış patates

- Tuz

- 2 büyük Yumurta

- $\frac{1}{2}$ su bardağı dövülmüş ceviz

- Taze kara biber

- 5 su bardağı sıvı yağ, kızartmak için

TALİMATLAR

a) 360 dereceye kadar derin kızartma için yağı ısıtın

b) Karışımdan börek yapın ama yağda bekletmeyin. 2-3 dakika ya da her tarafı altın kahverengi olana kadar kızartın.

c) Kağıt havlu serilmiş tepsiye aktarın.

37. İstiridye mısırlı börek

Verim: 1 Porsiyon

İÇİNDEKILER

- 2 su bardağı Mısır posası

- 2 Yumurta, ayrılmış

- $\frac{1}{4}$ çay kaşığı Biber

- 2 yemek kaşığı Un

- $\frac{1}{2}$ çay kaşığı Tuz

TALİMATLAR

a) Konserve veya taze mısır kullanılabilir. Mısır hamuruna çırpılmış yumurta sarısı, un ve baharatları ekleyin. Sert çırpılmış yumurta aklarını ekleyin ve karıştırın.

b) İstiridye büyüklüğünde tereyağlı kızgın tavaya kaşık kaşık atın ve kızartın.

38. ton balıklı börek

Verim: 3 Porsiyon

İÇINDEKILER

- 1 su bardağı Un

- 1 çay kaşığı Kabartma tozu

- $\frac{1}{2}$ çay kaşığı Tuz

- 2 yumurta

- $\frac{1}{4}$ su bardağı Süt

- 1 konserve ton balığı, süzülmüş ve kuşbaşı doğranmış

- 6 1/2 veya 7 oz. boyut

- Kuru soğan gevreği

- kızartmalık yağ

TALİMATLAR

a) Un, kabartma tozu ve tuzu bir karıştırma kabına eleyin. Yumurtaları güzelce çırpın. Sütte çırpın. Sıvı malzemeleri kuru Malzemelerle birleştirin.

b) Tüm un ıslanana kadar karıştırın. Ton balığını karıştırın. 375 derecelik kızgın yağa çay kaşığı kadar damlatın. Her tarafta altın olana kadar kızartın. Kağıt havluların üzerine boşaltın.

39. tavuklu börek

Verim: 6 Porsiyon

İÇINDEKILER

- 20-dakika hazırlık süresi

- 2 su bardağı Tavuk; ince kıyılmış pişmiş

- 1 çay kaşığı Tuz

- 2 çay kaşığı kıyılmış taze maydanoz

- 1 yemek kaşığı Limon suyu

- 1 su bardağı Kuru hardal

- 1 su bardağı Beyaz şarap sirkesi

- 2 Yumurta; dövülmüş dakika pişirme süresi

- $1\frac{1}{4}$ su bardağı Un

- 2 çay kaşığı kabartma tozu

- $\frac{2}{3}$su bardağı Süt

- $\frac{3}{4}$ su bardağı Bal

- $\frac{1}{4}$ çay kaşığı Tuz

TALİMATLAR

a) Büyük bir kapta tavuğu tuz, maydanoz ve limon suyuyla atın. 15 dakika kenara koyun. Başka bir büyük kapta un, kabartma tozu, yumurta ve sütü birleştirin. İyice karıştırmak için karıştırın.

b) Un karışımını tavuklara ekleyin ve iyice karıştırın.

c) Hamuru kaşık kaşık kızgın yağa atın ve gruplar halinde 2 dakika, altın rengi olana kadar kızartın. Kağıt havluların üzerine boşaltın ve daldırma için ballı hardalla servis yapın.

d) Bal hardal tarifi hazırlayın

40. Tıknaz dana börekleri

Verim: 5 Porsiyon

İÇINDEKILER

- 2 £   Pişmiş Baharatsız Sığır Eti

- 6 yemek kaşığı Süt

- 1 yemek kaşığı Ağartılmamış Çok Amaçlı Un

- 3 adet Büyük Yumurta, Dövülmüş

- $1\frac{1}{2}$ su bardağı Kendiliğinden Yükselen Un

- 4 çay kaşığı Tuz

- $\frac{1}{4}$ çay kaşığı Biber

TALİMATLAR

a) Süt ve unu birleştirin; yumurtalara karıştırın. Kendiliğinden kabaran un, tuz ve karabiberi karıştırın.

b) Kızarmış dana parçalarını yumurta karışımına batırın ve un karışımına daldırın.

c) Kızarana ve iyice ısıtılana kadar sıcak derin yağda kızartın. Emici kağıt havluların üzerine boşaltın ve sıcak servis yapın.

41. Çalı fasulyesi ve makarna ile yumurta börek

Verim: 6 Porsiyon

İÇINDEKILER

- 1 pound   Tel fasulye, haşlanmış

- $\frac{1}{2}$ pound   Makarna veya ziti

- $\frac{3}{4}$ su bardağı ekmek kırıntısı, tatlandırılmamış

- $\frac{1}{2}$ çay kaşığı Sarımsak, ince doğranmış

- kıyılmış maydanoz

- Marinara sosu

- 6 yemek kaşığı Parmesan, rendelenmiş

- 6 Çırpılmış yumurtalar

- Tuz biber

- kızartmalık yağ

TALİMATLAR

a) Yumurtalara ekmek kırıntıları, peynir, maydanoz, tuz, karabiber ve sarımsak ekleyin. Bir hamur oluşturmak için iyice karıştırın. Yağı orta derecede ısıtın, sıcakken bir damla hamur sertleşmeli ve yüzeye çıkmalıdır. Bir seferde bir çay kaşığı meyilli koyun. Kalabalık etmeyin.

b) Börekler kabardığında, altın bir kabuk oluşana kadar çevirin.

c) Geniş bir servis kasesinde çalı fasulyesi, makarna ve marinara sosunu birleştirin.

42. Taze mısır ve sosisli börek

Verim: 24 Porsiyon

İÇINDEKILER

- 1 su bardağı Çok amaçlı Un, elenmiş

- 1 çay kaşığı Kabartma Tozu

- 1 çay kaşığı Tuz

- $\frac{1}{8}$ çay kaşığı biber

- $\frac{1}{4}$ çay kaşığı kırmızı biber

- 1 su bardağı sosis, pişmiş ve ufalanmış

- 1 su bardağı koçanından alınmış taze mısır

- 2 Yumurta Sarısı, dövülmüş

- 2 yemek kaşığı Süt

- 2 Yumurta Beyazı, sert dövülmüş

- Kızartmalık yağ

TALİMATLAR

a) Un, kabartma tozu ve baharatları birlikte bir karıştırma kabında eleyin. Sosis, mısır, yumurta sarısı ve sütü ekleyin; karışana kadar karıştırın. Sertçe dövülmüş yumurta aklarını katlayın.

b) 360 - 365 derece ısıtılmış yağın içine çay kaşığı dolusu damlatın.

c) 3 ila 5 dakika pişirin, her taraftan kahverengiye dönün. Kağıt havluların üzerine boşaltın.

43. sosisli mısır börek

Verim: 6 torun

İÇINDEKILER

- 6 Yumurta; ayrılmış

- Pimiento ile 12 ons mısır

- 6 Sosisli sandviç

- $\frac{1}{2}$ su bardağı Çok amaçlı un

- $\frac{1}{2}$ çay kaşığı Tuz

- 1 yemek kaşığı şeri pişirme

TALİMATLAR

a) Yumurta sarılarını hafif ve kabarık olana kadar çırpın; mısırı, doğranmış sosisleri, unu, tuzu ve şeri ekleyin. Çok iyi karıştırın. Yumurta aklarını tepecikler haline gelene kadar çırpın. Yumurta aklarını havasını kaybetmemeye özen göstererek sosisli karışımın içine katlayın.

b) Her kek için yaklaşık $\frac{1}{4}$ fincan karışım kullanarak, sıcak, hafif yağlanmış bir ızgarada krep yapar gibi kızartın. Bir kerede servis yapın, sıcak.

44. kabak börek

Verim: 1 Porsiyon

İÇINDEKILER

- 4 su bardağı Pişmiş balkabağı püresi

- 2 yumurta

- 1 su bardağı Un

- 1 tutam Tuz

- 1 çay kaşığı Kabartma tozu

- 2 yemek kaşığı tepeleme şeker

- 250 mililitre Şeker

- 500 mililitre Su

- 500 mililitre Süt

- 30 mililitre Margarin

- 20 mililitre Su ile karıştırılmış mısır nişastası

TALİMATLAR

a) Tüm malzemeleri karıştırarak yumuşak bir hamur elde edin ve sıvı yağda iki tarafı hafif pembeleşinceye kadar kızartın.

b) Kağıt üzerinde süzün ve tarçınlı şeker veya karamel sos ile sıcak servis yapın.

45. ıspanaklı börek

Verim: 4 Porsiyon

İÇINDEKILER

- 1 pound   Taze ıspanak veya diğer
- Seçeceğiniz sebze
- 3 büyük Yumurta
- 2 yemek kaşığı Süt
- 1 çay kaşığı Tuz
- $\frac{1}{2}$ çay kaşığı Biber
- 2 yemek kaşığı kıyılmış soğan
- 1 yemek kaşığı kıyılmış kereviz
- 1 yemek kaşığı Un
- Yemeklik yağ

TALİMATLAR

a) Ispanağı güzelce yıkayıp süzün ve incecik kıyın.

b) Yumurtaları ayırın ve beyazları yumuşak tepeler olana kadar çırpın.

c) Yumurta sarılarını süt, tuz, karabiber, soğan, kereviz ve un ile birleştirin. Çırpılmış yumurta akı ve ıspanakları iyice karıştırarak ekleyin.

d) 8 adet 3 inçlik köfte şekli verin ve kızarana kadar yemeklik yağda kızartın.

46. Kızarmış tofu börek

Verim: 4 Porsiyon

İÇINDEKILER

- 50 gram Kendiliğinden kabaran un

- Tuz ve taze çekilmiş karabiber

- Kızartmak için bitkisel yağ

- 285 gr tofu; parçalar halinde kesmek

- 2 yemek kaşığı Pudra şekeri

- 2 yemek kaşığı kırmızı şarap sirkesi

- 300 gram karışık çilek

- 2 Arpacık; ince doğranmış

TALİMATLAR

a) Salsa yap. Sirke ve şekeri bir tencereye koyun ve şekeri eritmek için hafifçe ısıtın. Çilekleri ve arpacıkları ekleyin ve yumuşayana kadar 10 dakika boyunca hafifçe haşlayın. Soğutmaya izin verin.

b) Hamuru hazırlayın, unu bir kaseye koyun ve yavaş yavaş suyla çırpın.

c) Yağı sıcak olana kadar derin bir tavada ısıtın. Tofuyu meyilli batırın ve meyilli gevrek olana kadar 1-2 dakika derin kızartın.

47. domatesli börek

Verim: 16 Porsiyon

İÇINDEKILER

- 1⅓fincan Erik domates, çekirdeksiz, doğranmış

- ⅔su bardağı Kabak, ince doğranmış

- ½ su bardağı Soğan, ince doğranmış

- 2 yemek kaşığı nane yaprağı, doğranmış

- ½ su bardağı Çok amaçlı un

- ¾ çay kaşığı Kabartma tozu

- ½ çay kaşığı Tuz

- ½ çay kaşığı Biber

- Tutam tarçın

- Kızartmak için zeytinyağı

TALİMATLAR

a) Küçük bir kapta doğranmış domatesleri, kabakları, soğanı ve naneyi birleştirin.

b) Orta boy bir kapta un, kabartma tozu, tuz ve karabiber ve tarçını birleştirin. Sebzeleri kuru Malzemelere karıştırın.

c) Zeytinyağını büyük bir yapışmaz tavada ısıtın ve hamuru yuvarlak yemek kaşığı dolusu yağa bırakın. Altın kahverengi olana kadar pişirin, her tarafta yaklaşık 2 dakika.

d) Kağıt havluların üzerine alıp sıcak servis yapın.

48. mürver çiçeği börek

Verim: 4 Porsiyon

İÇINDEKILER

- Derin kızartma için ayçiçek yağı

- 8 Başlar mürver çiçeği; boyutuna bağlı olarak

- 180 gram Sade un

- 1 yemek kaşığı Pudra şekeri

- Bir tutam tuz

- 1 limonun ince rendelenmiş kabuğu

- 2 yumurta

- 60 mililitre Süt

- 60 mililitre Kuru beyaz şarap

- 1 Adet limon ve pudra şekeri

TALİMATLAR

a) Unu şeker ve tuzla birlikte bir kaseye eleyin. Limon kabuğu rendesi ve yumurtaları ekleyin ve sütün yarısını ve şarabın yarısını dökün. Sıvıları una karıştırmaya başlayın, yavaş yavaş sütün ve şarabın geri kalanını ekleyerek pürüzsüz bir hamur elde edin.

b) Çiçekleri tek tek saplarından alın ve hamurun içine daldırın. Kaldırın ve fazla hamurun akmasına izin verin, ardından yağın içine kaydırın.

c) İki dakika sonra alt kısım açık altın kahverengi olmalıdır. Börekleri çevirin ve bir dakika daha gevrekleştirin. Servis yapmadan önce mutfak kağıdına boşaltın.

49. Karahindiba çiçek börek

Verim: 10 Porsiyon

İÇINDEKILER

- 1 su bardağı Tam Buğday Unu

- 2 yemek kaşığı Zeytinyağı

- 2 çay kaşığı kabartma tozu

- 1 su bardağı Karahindiba Çiçeği

- 1 tutam Tuz

- 1 yumurta

- Yapışmaz Bitkisel Yağ Spreyi

- ½ su bardağı Az Yağlı Süt

TALİMATLAR

a) Bir kapta un, kabartma tozu ve tuzu karıştırın. Ayrı bir kapta yumurtayı çırpın ve ardından süt veya su ve zeytinyağı ile karıştırın.

b) Kuru karışımla birleştirin. Sarı çiçekleri ezmemeye dikkat ederek dikkatlice karıştırın.

c) Bir ızgaraya veya kızartma tavasına hafifçe bitkisel yağ püskürtün.

d) İyice ısınana kadar ısıtın. Hamuru kaşıkla ızgaraya dökün ve krep gibi pişirin.

50. mürver çiçeği börek

Verim: 1 Porsiyon

İÇINDEKILER

- 8 Mürver çiçeği kafaları

- 110 gram sade un

- 2 yemek kaşığı Ayçiçek yağı

- 150 mililitre Lager veya su

- 1 Yumurta beyazı

- kızartmalık yağ

- pudra şekeri; elenmiş

- limon dilimleri

TALİMATLAR

a) Un ve tuzu birlikte eleyin ve yağ ve lager ile bir hamur haline getirin. 1 saat serin bir yerde bekletin. Yumurta beyazını sert tepeler olana kadar çırpın. Hamuru kullanmadan hemen önce yumurtayı katlayın.

b) Derin bir tavada veya fritözde biraz yağ ısıtın. Çiçek başlarını meyilli batırın ve ardından tütsülenmiş sıcak yağa bırakın ve altın kahverengi olana kadar kızartın.

c) Börekleri mutfak kağıdına boşaltın. Bir tabağa koyun, elenmiş pudra şekeri serpin ve limon dilimleri ile servis yapın.

51. Gül yaprağı börek

130

Verim: 4 Porsiyon

İÇINDEKILER

- 1 demet gül yaprağı
- şekerleme şekeri
- tatlı sos

TALİMATLAR

a) Yaprakları atın ve hafifçe karıştırın.

b) Kızgın yağa atıp altın rengi olana kadar kızartın.

c) Kızartmak için: Yiyecek parçalarını hamura batırın. Altın kahverengi olana kadar 375 derecede 3-4 inç yağda kızartın.

d) Kağıt havlu üzerine boşaltın.

e) Meyveli börekleri şekerleme şekeri serpin veya tatlı bir sos ile üstüne serpin.

52. Hollandalı elmalı börek

Verim: 4 Porsiyon

İÇİNDEKILER

- 8 büyük elma soyulmuş, özlü
- 2 su bardağı çok amaçlı un, elenmiş
- 12 ons Ale
- $\frac{1}{2}$ çay kaşığı Tuz
- Yağ, domuz yağı veya katı yağ
- şekerlemelerin şekeri

TALİMATLAR

a) Soyulmuş ve çekirdekleri çıkarılmış elmaları dilimleyin veya yarım inç kalınlığında yuvarlak dilimler halinde kesin.

b) Bira, un ve tuzu çırpma teli ile karışım pürüzsüz olana kadar karıştırın, ardından elma dilimlerini karışıma batırın.

c) 370°'lik kızartma sıcaklığında derin yağda veya 1 inç sıvı yağda ağır tavada kızartın. Boşaltmak

53. elmalı-portakallı börek

Verim: 18 Porsiyon

İÇINDEKILER

- 1 su bardağı Süt
- 1 Portakal, kabuğu ve suyu
- 1 Yumurta, çırpılmış
- 1 su bardağı Elma, iri doğranmış
- 4 yemek kaşığı Margarin
- 3 su bardağı Kek unu
- $\frac{1}{4}$ su bardağı Şeker
- 2 çay kaşığı kabartma tozu
- $\frac{1}{2}$ çay kaşığı Tuz
- 1 çay kaşığı vanilya

TALİMATLAR

a) Yumurtayı çırpın. Bir karıştırma kabında süt, yumurta ve eritilmiş margarini karıştırın. Portakal suyu, kabuğu, doğranmış elma ve vanilyayı ekleyin.

b) Un, tuz, kabartma tozunu birlikte eleyin. Süt karışımına bir kaşıkla karışana kadar karıştırın.

c) Yağı bir tavada 350°'ye ısıtın. Yemek kaşığının ucunu kızgın yağa bırakın. Altın kahverengi olana kadar kızartın. Eşit şekilde kızarmaları için çevirin. soğumaya bırakın.

54. Tempura hamurunda muzlu börek

Verim: 1 Porsiyon

İÇINDEKILER

- 5 Muz

- Muzları taramak için un

- Derin kızartma için bitkisel yağ

- 1 yumurta

- 125 mililitre Elenmiş un

- 1/2 çay kaşığı kabartma tozu

- Bal

TALİMATLAR

a) Hamur Malzemelerini bir çırpma teli ile biraz köpürene kadar karıştırın.

b) Muzları 1 inç / $2\frac{1}{2}$ cm'lik parçalar halinde kesin. Hafifçe kaplanana kadar un içinde yuvarlayın.

c) Birkaç muz parçasını hamura batırın ve altın rengi olana kadar kızartın. Kağıt havluların üzerine boşaltın. Hepsi bitene kadar küçük partiler halinde yapın.

d) Balı sıvı ve sıcak olana kadar tencerede ısıtın; bunu muzların üzerine dökün.

55. kayısılı börek

Verim: 8 Porsiyon

İÇINDEKILER

- 12 küçük kayısı

- 12 Bütün badem

- 2 yemek kaşığı Beyaz rom

- $\frac{1}{2}$ su bardağı Ağartılmamış çok amaçlı un

- $\frac{1}{2}$ su bardağı Mısır nişastası

- 3 yemek kaşığı Şeker

- $\frac{1}{2}$ çay kaşığı Tuz

- $\frac{1}{2}$ çay kaşığı Tarçın

- $\frac{1}{2}$ çay kaşığı Kabartma tozu

- $\frac{1}{2}$ su bardağı Su; artı

- 1 yemek kaşığı Su

- 3 yemek kaşığı eritilmiş tereyağı

- $1\frac{1}{2}$ litre Bitkisel yağ; kızartma için

- şekerlemelerin şekeri

TALİMATLAR

a) Kayısıları bir kaseye koyun ve yarıklara rom serpin.

b) Hamuru için kuru malzemeleri bir kapta birleştirin ve su ve ardından eritilmiş tereyağı ile çırpın.

c) Kayısıları bir çatalla koyu altın rengi alana ve kayısılar pişene kadar hamurun içine daldırın.

56. Benya muzlu börek

Verim: 1 Porsiyon

İÇINDEKILER

- 1 Paket maya
- 1 su bardağı Sıcak su
- Şeker
- 10 Çok yumuşak muzlar
- 3 yemek kaşığı Tarçın
- 2 yemek kaşığı Hindistan cevizi
- $2\frac{1}{2}$ kilo Un
- $1\frac{1}{2}$ kilo şeker
- Rendelenmiş portakal kabuğu
- $\frac{1}{4}$ çay kaşığı Tuz

TALİMATLAR

a) Sıcak suya mayayı ekleyin ve biraz şeker serpin. Örtün ve yükselmeye başlamak için bekletin.

b) Muzları büyük bir karıştırma kabında maya ile iyice ezin. Tarçın, hindistan cevizi, un, şeker, rendelenmiş portakal kabuğu ve tuzu ekleyin. İyice karıştırın ve bir gece bekletin. Karışım artacak ve miktar olarak üç katına çıkacaktır.

c) Derin yağda kaşıkla damlatın; kahverengi olana kadar kızartın. İster sıcak ister soğuk servis yapın

57. Langoustine ve muzlu börek

Verim: 1 Porsiyon

İÇINDEKILER

- 4 tombul kerevit

- 1 Muz

- 8 ons   Mısır unu

- 8 ons Sade un

- 1 ons Kabartma tozu

- $3\frac{1}{2}$ yemek kaşığı Domates ketçap

- $\frac{1}{4}$ pint Sirke

- Tuz ve biber

TALİMATLAR

a) Mısır unu, un, tuz ve karabiberi bir karıştırma kabına alın.
    Ketçap ve sirkeyi ekleyin ve pürüzsüz bir macun elde edene
    kadar çırpın. Kabartma tozunu ekleyin.

b) Bir tavayı veya elektrikli fritözü 175-180C'ye ısıtın.

c) Langoustine'leri soyun ve bağırsakları temizleyin. Lahanayı
    ikiye bölün ve ortasına bir parça muz koyun. Bir kokteyl
    çubuğu ile sabitleyin. Hamura batırın ve kızartın.

58. Konserve şeftalili börek

Verim: 4 -5 porsiyon

İÇINDEKILER

- 1 kutu (29 oz.) dilimlenmiş şeftali

- Ölçmeden ÖNCE 1 su bardağı elenmiş un

- ½ çay kaşığı Tuz

- 1 çay kaşığı Kabartma tozu

- 2 Yumurtalar; dövülmüş

- 1 yemek kaşığı eritilmiş katı yağ

- ½ su bardağı Tam yağlı süt

- Sebze yağı

TALİMATLAR

a) Şeftalileri boşaltın ve hafifçe un serpin. Unu tuz ve kabartma tozu ile eleyin. İyi dövülmüş yumurtaları, eritilmiş katı yağı ve sütü ekleyin. İyice karıştırın.

b) Uzun saplı bir çatalla meyveleri hamura batırın. Fazla hamurun boşalmasına izin verin.

c) Meyveleri kızgın yağa (375) indirin ve 2-3 dakika veya açık kahverengi olana kadar kızartın.

d) Kağıt havluların üzerine boşaltın. Pudra şekeri serpin.

59. Karayip ananaslı börek

Verim: 1 Porsiyon

İÇINDEKILER

- 2 su bardağı Taze ananas; parçalar halinde kesmek
- 1 Habanero Şili biberi; tohumlanmış ve kıyılmış
- 5 Frenk soğanı; ince kıyılmış
- 1 Soğan; kıyılmış
- 2 diş sarımsak; püresi ve kıyılmış
- 8 Yeşil soğan; kıyılmış
- $\frac{1}{2}$ çay kaşığı Zerdeçal
- $1\frac{1}{4}$ su bardağı Un
- $\frac{1}{2}$ su bardağı Süt; yada daha fazla
- $\frac{1}{2}$ su bardağı Bitkisel yağ; kızartma için
- 2 yumurta; dövülmüş
- Tuz ve biber
- Ananas halkaları; Garnitür için

TALİMATLAR

a) İlk yedi malzemeyi karıştırın; bir kenara koyun.

b) Un, süt, yumurta, tuz ve karabiberi birleştirin ve elektrikli bir karıştırıcı ile iyice çırpın. 4 saat sonra meyveleri hamurla birleştirin.

c) Bitkisel yağı derin bir tavada ısıtın. Hamuru kaşıkla dökün ve yaklaşık 5 dakika veya altın kahverengi olana kadar kızartın.

d) Börekleri çıkarın ve kağıt havluların üzerine boşaltın. soğuk servis yapın

60. mürver börek

Verim: 4 Porsiyon

İÇINDEKILER

- 200 gram Un (1 3/4 su bardağı)

- 2 yumurta

- $\frac{1}{8}$ litre Süt (1/2 su bardağı artı 1/2 yemek kaşığı)

- Küçük tutam tuz

- 16 Mürver çiçekleri sapları ile

- Toz almak için şeker

- 750 gram Domuz yağı veya kızartma için kısaltma

TALİMATLAR

a) Bir çırpma teli ile un, yumurta, tuz ve sütü krep hamuruna karıştırın. Mürver çiçeklerini birkaç kez durulayın ve ardından kağıt havluyla kurulayın.

b) Çiçekleri kısaca hamura daldırın ve ardından altın kahverengi olana kadar kızartın. Şeker serpin ve servis yapın.

51. Meyve ve sebze börekleri

Verim: 1 Porsiyon

İÇINDEKILER

- 1 fincan çok amaçlı un
- 1 çay kaşığı Kabartma tozu
- 14 çay kaşığı Tuz
- 2 büyük Yumurta
- 2 çay kaşığı Şeker
- ⅔su bardağı Süt
- 1 çay kaşığı Salata yağı
- ½ çay kaşığı Limon suyu
- Karışık meyve
- Karışık sebze

TALİMATLAR

a) Un, kabartma tozu ve tuzu birlikte eleyin. Yumurtaları hafif ve kabarık olana kadar çırpın. Şeker, süt, yağ ve limon suyu ekleyin; un karışımını ekleyin ve sadece nemlendirmeye yetecek kadar karıştırın. Meyveli börek yaparken una bir tutam tarçın ekleyin.

b) MEYVELER: Elmalar: Kabuklarını soyun, çekirdeklerini çıkarın ve ½ inçlik dilimler halinde kesin. Muz: Parçalara ayırın ve limon suyu ve şeker serpin. Konserve şeftali, ananas vb. süzerek kullanın; Hamura daldırmadan önce çok hafifçe un serpin.

c) SEBZELER: Kızartma süresini yaklaşık olarak aynı tutmak için eşit büyüklükte parçalar halinde kesin.

d) Yağı derin bir tavada ısıtın ve börekleri hafifçe kızarana kadar pişirin, ardından kağıt havluların üzerine boşaltın.

62. Limon-burbon soslu meyveli börek

Verim: 32 Porsiyon

İÇINDEKILER

- $\frac{3}{4}$ fincan Un, çok amaçlı

- $\frac{1}{2}$ çay kaşığı Kabartma tozu

- 1 Yumurta, çırpılmış

- 1 yemek kaşığı Tereyağı veya margarin, eritilmiş

- ⅓su bardağı şeker

- 1 yemek kaşığı Mısır nişastası

- $\frac{3}{4}$ su bardağı Su

- 2 yemek kaşığı Tereyağı veya margarin

- 1 çay kaşığı vanilya

- 4 Elma, 4 Armut, 4 Muz

- $\frac{1}{4}$ fincan Burbon

- Limon kabuğu ve 4 çay kaşığı limon suyu

TALİMATLAR

a) Un, şeker ve kabartma tozunu birlikte eleyin.

b) Yumurta, su, tereyağı ve vanilyayı birleştirin; Sadece karıştırılana kadar kuru Malzemelere karıştırın.

c) Meyve dilimini hamura batırın; kızgın yağa atıp iki tarafı da altın rengi olana kadar kızartın.

d) LİMON-BOURBON SOS: Şeker ve mısır nişastasını küçük bir tencerede birleştirin; suda karıştırın. Karışım kaynayıp koyulaşana kadar sürekli karıştırarak pişirin. Tereyağıyla karıştırın. Burbon, limon kabuğu ve suyu ekleyin; iyice karıştırın.

53. Kuzey casus elmalı börek

Verim: 15 Porsiyon

İÇINDEKILER

- $\frac{1}{2}$ su bardağı Sarı mısır unu

- $\frac{1}{2}$ su bardağı Çok amaçlı un

- 2 yemek kaşığı Kabartma tozu

- 6 yemek kaşığı Şeker

- 1 tutam tuz

- 1 yumurta

- $\frac{1}{2}$ su bardağı Süt

- $1\frac{1}{2}$ su bardağı kızartmak için sıvı yağ

- 1 Kuzey Spy elma, soyulmuş

- 2 yemek kaşığı Bitkisel yağ

- Süslemek için pudra şekeri

TALİMATLAR

a) Şekerleme Şekeri Hariç Tüm Kuru Malzemeleri Birleştirin

b) Sıvı Malzemeler ($1\frac{1}{2}$ Bardak Yağ Hariç) Teker Teker Arada Karıştırılarak Eklenir. Elma ile karıştırın. Hamuru 10 Dakika Oturun.

c) Yağı Çatlayana Kadar Isıtın, Sigara İçme Noktasına Tam Olarak Değil. Hamuru Yağın İçine Bırakın ve Altın Kahverengi Olduğunda Kağıt Havlunun Üzerine Çıkarın.

d) Şekerleme Şekeri serpin ve servis yapın.

64. Ananaslı muzlu börek

Verim: 1 Porsiyon

İÇINDEKILER

- 1⅓fincan Çok amaçlı un

- 1½ çay kaşığı Çift etkili kabartma tozu

- 3 yemek kaşığı Toz şeker

- 1 çay kaşığı öğütülmüş zencefil

- ¾ fincan Doğranmış taze ananas; boşaltılmış

- ¾ su bardağı doğranmış muz

- ½ su bardağı Süt

- 1 büyük yumurta; hafifçe dövülmüş

- Derin kızartma için bitkisel yağ

- tozunu almak için şekerlemelerin şekeri

TALİMATLAR

a) Un, kabartma tozu, toz şeker, zencefil ve bir tutam tuzu birlikte eleyin.

b) Bir kapta ananas, muz, süt ve yumurtayı iyice karıştırın, un karışımını ekleyin ve hamur birleşene kadar karıştırın.

c) Hamuru yığınlar halinde yağın içine yemek kaşığı damlatın ve börekleri çevirerek 1 ila 1 $\frac{1}{2}$ dakika veya altın rengi olana kadar kızartın.

d) Börekleri delikli kepçeyle kağıt havluya alıp üzerlerine şekerlemelerin şekerini süzün ve eleyin.

55. Haşlanmış armut börek

Verim: 1 Porsiyon

İÇINDEKILER

- Tereyağlı bisküvi

- Sebze yağı

- 1 Şişe portu

- 1 su bardağı Su

- 1 Tarçın çubuğu

- 3 bütün karanfil

- $\frac{1}{2}$ çay kaşığı Hindistan cevizi

- 1 tutam Muz

- 4 Armut; soyulmuş

TALİMATLAR

a) Malzemeleri bir tencereye koyun ve armutları ilave ederek kaynatın. Armutlar hafifçe haşlanana kadar 15 ila 20 dakika kaynatın.

b) Soğuduktan sonra armutları çıkarın ve sıvıları süzün, tekrar tencereye koyun ve kaynatın. Yarı yarıya azaltın ve ısıdan çıkarın. Armutları dörde bölün, çekirdeklerini çıkarın.

c) Hamuru, armut genişliğinin iki katı uzunluğunda ve $\frac{1}{8}$- $\frac{1}{4}$ inç kalınlığında alabildiğiniz kadar yuvarlayın. Armutları hamurun üzerine yerleştirin, hamuru üstüne katlayın ve bir pasta çarkı ile kesin. Hamur ve armutlar kullanılana kadar tekrarlayın.

66. romlu vişneli börek

Verim: 6 Porsiyon

İÇINDEKILER

- ½ su bardağı Çok amaçlı un

- 2 yemek kaşığı pudra şekeri

- ¼ çay kaşığı Tuz

- 1 pound saplı kiraz

- şekerleme şekeri

- 2 yumurta; ayrılmış

- 2 yemek kaşığı Rom

- ½ su bardağı Arıtılmış tereyağı

- ½ su bardağı Bitkisel yağ

TALİMATLAR

a) Orta boy bir kapta un, yumurta sarısı, 2 T şekerleme şekeri, rom ve tuzu pürüzsüz bir hamur elde edene kadar karıştırın. Örtün ve 1-2 saat bekletin.

b) Yumurta aklarını sertleşene kadar çırpın ve hamura yedirin.

c) Tereyağı ve bitkisel yağı büyük bir tavada 360 derece F'ye ısıtın, ardından ısıyı düşük seviyeye getirin.

d) Kirazları hamura batırın ve kızgın yağda bekletin.

e) 3 dakika ya da altın kahverengi olana kadar kızartın

f) Kirazları çıkarın. Onları şekerlemenin şekerine batırın ve servis yapın.

57. yayın balığı börek

Verim: 8 Porsiyon

İÇINDEKILER

- 1½ fincan Un, çok amaçlı

- 1 çay kaşığı tuz ve karabiber

- 2 orta boy Yumurta

- 3 yemek kaşığı Tereyağı, tuzsuz; erimiş, soğutulmuş

- 1 su bardağı Süt, bütün

- ½ pound tuzlu morina balığı

- 1 adet Biber, sıcak; tohumlanmış

- 2 adet Taze Soğan; ince kıyılmış

- 1 diş sarımsak; ezilmiş

- 1 yemek kaşığı Maydanoz; doğranmış

- ½ çay kaşığı kekik

- 1 adet yenibahar meyvesi; zemin

TALİMATLAR

a) Un ve tuzu kaseye eleyin. Yumurtaları tereyağı ile çırpın ve un karışımına ekleyin. Sütü azar azar ekleyin, sadece karıştırmak için karıştırın. Hamur çok katıysa daha fazla süt ekleyin.

b) Acı biber ile havanda balık pound

c) Tat vermek için yeşil soğan, sarımsak, maydanoz, kekik, yenibahar ve karabiber ekleyin. Hamurun içine karıştırın

d) Yağı ısıtın ve yemek kaşığını yığarak altın rengi kahverengi olana kadar kızartın.

68. morina börek

Verim: 14 börek

İÇINDEKILER

- ½ pound Kurutulmuş tuzlu morina, pişmiş ve rendelenmiş
- Derin yağda kızartma için bitkisel yağ
- 1½ su bardağı elenmemiş çok amaçlı un
- ½ çay kaşığı Kabartma tozu
- ½ çay kaşığı kırık karabiber
- ¼ çay kaşığı Tuz
- 2 büyük yumurta akı
- 2 Diş sarımsak, ezilmiş
- 2 yemek kaşığı doğranmış taze kişniş yaprağı

TALİMATLAR

a) Büyük bir kapta un, kabartma tozu, kırık karabiber ve tuzu birleştirin.

b) Küçük bir kapta, yumurta aklarını köpürene kadar çırpın-bir hamur oluşturmak için dövülmüş yumurta akı ve suyu un karışımına ekleyin. Rendelenmiş morina balığı, sarımsak ve doğranmış taze kişniş yapraklarını ekleyin; iyice birleştirilene kadar karıştırın.

c) Gruplar halinde, bir çorba kaşığı dolusu meyilli kızgın yağa bırakın ve 12 dakika kızartın.

d) Kağıt havluların üzerine süzün ve servis tabağında sıcak olarak servis yapın; kişniş ile süsleyin.

59. Balık ve yengeç eti börek

Verim: 1 Porsiyon

İÇINDEKILER

- 12 ons Taze veya dondurulmuş morina

- 6 ons   taklit yengeç eti

- 2 Yumurtalar; dövülmüş

- 1/2 su bardağı un

- 1 Yeşil soğan; ince doğranmış

- $\frac{1}{2}$ çay kaşığı ince rendelenmiş limon kabuğu

- 1 çay kaşığı Limon suyu

- 1 diş sarımsak; ezilmiş

- $\frac{1}{4}$ çay kaşığı Tuz

- $\frac{1}{2}$ çay kaşığı Biber

- Yemeklik yağ

TALİMATLAR

a) Bir blender kabında veya mutfak robotu kabında balık yengeç, yumurta, un, soğan, limon kabuğu, limon suyu, sarımsak, tuz ve biberi birleştirin. Örtün ve pürüzsüz olana kadar karıştırın.

b) Hafifçe yağ tavası ve ısı

c) Tavaya yaklaşık $\frac{1}{4}$ fincan meyilli kaşık ve 3 inç çapında bir köfteye yayın

d) Her tarafta 3 dakika veya altın rengi olana kadar pişirin

70. Endonezya mısır karides börek

Verim: 6 Porsiyon

İÇINDEKILER

- 3 Mısır başakları kazınmış ve iri kıyılmış

- $\frac{1}{2}$ pound Orta Boy Karides kabuklu ve damarlı,

- 1 çay kaşığı kıyılmış sarımsak

- $\frac{1}{2}$ su bardağı ince doğranmış arpacık veya: Yeşil soğan

- 1 çay kaşığı Öğütülmüş kişniş

- $\frac{1}{4}$ çay kaşığı öğütülmüş kimyon

- 2 yemek kaşığı Kıyılmış kişniş yaprağı

- 2 yemek kaşığı Un

- 1 çay kaşığı Tuz

- 2 Yumurta, çırpılmış

- Tavada kızartmak için fıstık veya bitkisel yağ

- daldırma için acı sos

TALİMATLAR

a) BÜYÜK BİR KASEDE mısır, karides, sarımsak, yeşil soğan, öğütülmüş kişniş, kimyon, kişniş yaprağı, un, tuz ve yumurtaları birleştirin. Orta-yüksek ateşte bir tavada ince bir yağ tabakasını ısıtın. $\frac{1}{4}$ fincan mısır karışımını tavaya dökün. Börekler arasında $\frac{1}{2}$ inç boşluk bırakarak tavaya sığacak kadar ekleyin.

b) Altın kahverengi ve gevrek olana kadar kızartın; dönüş. Her iki tarafta yaklaşık 1 dakika pişirin. Çıkarın ve kağıt havlu üzerinde süzün. Kalan börekleri kızartırken sıcak tutun.

71. İtalyan spagetti kabak börek

Verim: 4 Porsiyon

İÇINDEKILER

- 2 Yumurtalar

- $\frac{1}{2}$ su bardağı Kısmen yağsız ricotta peyniri

- 1 ons rendelenmiş parmesan peyniri

- 3 yemek kaşığı Un

- $\frac{1}{2}$ çay kaşığı Kabartma tozu

- 2 çay kaşığı Sebze. sıvı yağ

- $\frac{1}{8}$ çay kaşığı sarımsak tozu

- $\frac{1}{2}$ çay kaşığı Kuru kekik

- $\frac{1}{4}$ çay kaşığı Kuru fesleğen

- 1 yemek kaşığı kıyılmış soğan gevreği

- 2 su bardağı Pişmiş spagetti

TALİMATLAR

a) Blender kabında spagetti hariç tüm malzemeleri birleştirin. Pürüzsüz olana kadar karıştır. spagetti ekle

b) Karışımı önceden ısıtılmış yapışmaz tavaya veya Pam püskürtülmüş ızgaraya dökün. Orta ateşte her iki tarafı da kahverengi olana kadar dikkatlice çevirerek pişirin.

c) SOS: Küçük bir sos tavasında 8 oz konserve domates sosu, $\frac{1}{4}$ çay kaşığı kuru kekik, $\frac{1}{2}$ çay kaşığı sarımsak tozu, $\frac{1}{4}$ çay kaşığı kuru fesleğeni birleştirin. Sıcak ve kabarcıklı olana kadar ısıtın

d) Böreklerin üzerinde servis yapın.

72. ıstakoz börek

Verim: 1 Porsiyon

İÇINDEKILER

- 1 su bardağı doğranmış ıstakoz

- 2 yumurta

- ½ su bardağı Süt

- 1¼ su bardağı Un

- 2 çay kaşığı kabartma tozu

- Tatmak için biber ve tuz

TALİMATLAR

a) Bir küp ekmek altmış saniyede kızarana kadar derin yağı ısıtın. Yağ ısınırken, yumurtaları ışığa kadar çırpın. Süt ve kabartma tozu, tuz ve karabiber ile elenmiş unu ekleyin ve ardından doğranmış ıstakozun içine katlayın.

b) Küçük kaşıkla yağa bırakın, altın kahverengi olana kadar kızartın. Ilık fırında kahverengi kağıt üzerine boşaltın. Hızlı limon sosu ile servis yapın.

73. Salsa ile midye börek

Verim: 4 Porsiyon

İÇINDEKILER

- 8 Yeşil kabuklu midye; kabuğun dışında

- 6 büyük Yumurta; hafif çırpılmış

- 50 mililitre Çift krema

- 10 mililitre balık ezmesi

- 2 yemek kaşığı Polenta

- 50 gram Taze soğan; dilimlenmiş

- 400 gram Kumera; haşlanmış sonra soyulmuş

- 1 küçük kırmızı soğan; soyulmuş ve dilimlenmiş

- 20 mililitre Taze limon suyu

- 2 Naşi; çekirdek kaldırıldı ve

- 30 mililitre Sızma zeytinyağı

TALİMATLAR

a) Midyeleri dörde bölün ve yumurta, krema, nam pla, polenta ve taze soğanın yarısı ile bir kapta karıştırın. Son olarak kumera karıştırın.

b) Kalan taze soğanlar da dahil olmak üzere salsa yapmak için diğer tüm malzemeleri karıştırın ve 30 dakika bekletin.

c) Bir tavayı ısıtın ve yağla fırçalayın, ardından 4 büyük veya 8 küçük börek yapın. Bir tarafı altın sarısı olana kadar pişirin, ardından diğer tarafı çevirin ve pişirin.

74. ahtapot börek

Verim: 8 Porsiyon

İÇINDEKILER:

- 2 Ahtapot her biri yaklaşık 1 1/2 pound

- 1 çay kaşığı Tuz

- 2 litre   su

- 2 litre   Buzlu buzlu su

- 2 orta boy Soğan, soyulmuş ve kıyılmış

- 2 Yumurta, çırpılmış

- 1 su bardağı un veya isteğe göre daha fazla

- Tatmak için biber ve tuz

- kızartmalık yağ

TALİMATLAR

a) Ahtapotu, içinde hızlı kaynayan tuzlu su bulunan büyük bir su ısıtıcısına bırakın. Orta-yüksek ateşte yaklaşık 25 dakika pişirin.

b) Süzün ve buz ve buzlu su dolu bir kaba daldırın. Mor derinin hareketini kaba bir fırça ile kazıyın. Bacakları kesin ve ince doğrayın.

c) Kafaları atın. Bir kapta soğan, yumurta, un, tuz ve karabiberi karıştırın. Doğranmış ahtapot ekleyin ve iyice karıştırın. Karışımı $2\frac{1}{2}$ - 3 inç düz köfteler haline getirin.

d) Büyük, ağır bir tavada yaklaşık $\frac{1}{2}$ inç yağı ısıtın ve ahtapot böreklerini her iki tarafta iyice kızarana kadar kızartın. Hemen servis yapın.

75. Karidesli börek

Verim: 8 Porsiyon

İÇINDEKILER

- $\frac{1}{2}$ su bardağı Süt

- $\frac{1}{2}$ su bardağı Kendiliğinden kabaran un

- 1 su bardağı çiğ karides; doğranmış

- 1 su bardağı pişmiş pirinç

- 1 yumurta

- $\frac{1}{2}$ su bardağı Yeşil soğan; doğranmış

- Tatmak için biber ve tuz

TALİMATLAR

a) Tüm Malzemeler birlikte karıştırılır.

b) Kızgın yağa çay kaşığıyla damlatıp altın rengi olana kadar kızartın. Küçük yapın ve meze olarak servis yapın.

76. Koreli etli börek

Verim 4 Porsiyon

İÇINDEKILER

- 2 £   Sığır filetosu ucu biftek

- 3 Dal yeşil soğan, kıyılmış

- 2 yemek kaşığı Susam tohumu yağı

- 2 çay kaşığı Susam tohumu

- $\frac{1}{2}$ su bardağı soya sosu

- 1 diş sarımsak, kıyılmış

- 1 tutam karabiber

- 5 Yumurtalar

TALİMATLAR

a) Yumurta hariç diğer tüm malzemeleri birleştirin ve eti bir saat sosun içinde bekletin.

b) Eti unlayın ve hafifçe çırpılmış yumurtaya batırın ve orta ateşte kızarana kadar kızartın. Sosla birlikte sıcak servis yapın.

c) Sos: 2 yemek kaşığı soya sosu 1 çay kaşığı doğranmış yeşil soğan 1 çay kaşığı susam 1 çay kaşığı sirke 1 çay kaşığı şeker Tüm malzemeleri karıştırın.

77. Parmesan ve mozzarellalı börek

Verim: 4 Porsiyon

İÇINDEKILER

- 1 diş sarımsak; doğranmış
- 2 Olgun mozzarella peyniri; rendelenmiş
- 1 küçük Yumurta; dövülmüş
- Birkaç yaprak taze fesleğen
- 70 gram Parmesan; rendelenmiş
- 2 yemek kaşığı sade un
- Tuz ve biber

TALİMATLAR

a) Mozzarella peyniri, sarımsak, fesleğen, parmesan ve baharatı karıştırın ve çırpılmış yumurta ile bağlayın. Biraz un ekleyin, şekil verin ve yaklaşık 30 dakika buzdolabında dinlendirin.

b) Kızartmadan önce hafifçe unla kaplayın.

c) Karışım oldukça yumuşak olmalıdır, çünkü buzdolabında gerekli süre kadar dinlendikten sonra sertleşir. Kızartma tavasındaki yağ çok sıcak olmamalıdır, aksi takdirde böreklerin dışı yanar ve ortası soğuk olur.

78. Basle peynirli börek

Verim: 1 Porsiyon

İÇİNDEKİLER

- 4 dilim ekmek
- 1 ons Tereyağı
- 3 Soğan
- 4 Dilim Gruyere
- Kırmızı biber

TALİMATLAR

a) Ekmeğin her iki tarafını tereyağında hafifçe kızartın ve fırın tepsisine dizin. İnce doğranmış soğanların üzerine kaynar su dökün ve biraz bekletin. Suyu boşaltın ve kalan tereyağında soğanları yumuşayana kadar kızartın.

b) Soğanları ince bir şekilde ekmeğin üzerine yayın ve her dilimi bir dilim peynirle kaplayın.

c) Üzerine kırmızı biber serpin ve çok sıcak fırında (445 derece F/Gaz işareti 8) peynir eriyene kadar pişirin. Bir kerede servis yapın.

79. Yoğurtlu kayısı soslu otlu börek

Verim: 6 Porsiyon

İÇINDEKILER

- 3 Yumurtalar; hafif çırpılmış
- 150 gram Mozarella; rendelenmiş
- 85 gram Taze rendelenmiş Parmesan
- 125 gram Taze ekmek kırıntıları
- $\frac{1}{2}$ Kırmızı soğan; ince doğranmış
- $\frac{1}{4}$ çay kaşığı kırmızı pul biber
- 2 yemek kaşığı taze mercanköşk
- 2 yemek kaşığı Kabaca doğranmış frenk soğanı
- 5 yemek kaşığı kıyılmış düz yaprak maydanoz
- 1 avuç roka yaprağı; kabaca doğranmış
- 1 avuç bebek ıspanak yaprağı; doğranmış
- Tuz ve karabiber ve ayçiçek yağı
- 500 gramlık Yunan yoğurdu
- 12 Tüketime hazır kuru kayısı; ince doğranmış
- 2 diş sarımsak ve kıyılmış taze nane

TALİMATLAR

a) Yağ ve Tereyağı Hariç Börek Malzemelerini Kalın ve Oldukça Katılaşana Kadar Karıştırın. Nemliyse Ekmek Kırıntıları ile Bağlayın.

b) Sos Malzemelerini Kullanmadan Hemen Önce Karıştırın. 1cm/ $\frac{1}{2}$" Yağı bir Tavaya dökün, Tereyağını Ekleyin ve Bulanıncaya Kadar Isıtın.

c) Oval Şekilli Börekleri Sıkıştırmak İçin Elinizle Sıkıca Basarak Kalıplayın. Kızgın Yağda 2-3 Dakika Gevrekleşene Kadar Kızartın.

30. Bern peynirli börek

Verim: 1 Porsiyon

İÇINDEKILER

- 8 ons   rendelenmiş gravyer peyniri

- 2 yumurta

- $2\frac{1}{2}$ sıvı ons Süt

- 1 çay kaşığı Kirsch

- Kızartma için yağ

- 6 dilim ekmek

TALİMATLAR

a) Rendelenmiş peyniri yumurta sarısı, süt ve Kirsch ile karıştırın. Çırpılmış yumurta aklarını katlayın ve karışımı ekmeğin üzerine yayın.

b) Yağı büyük bir tavada ısıtın ve ekmeği peynir tarafı alta gelecek şekilde kızgın yağa koyun.

c) Dilimler altın sarısı olunca çevirin ve diğer tarafta kısaca kızartın.

31. Fasulye, mısır ve çedar börek

Verim: 5 Porsiyon

İÇINDEKILER

- $\frac{1}{2}$ su bardağı Sarı mısır unu

- $\frac{1}{2}$ su bardağı Ağartılmamış beyaz un

- $\frac{1}{2}$ çay kaşığı Kabartma tozu

- Dash Öğütülmüş kimyon, kırmızı biber, tuz ve pul biber

- $\frac{1}{2}$ su bardağı Süt

- 1 yumurta sarısı ve 2 yumurta akı

- 1 su bardağı siyah fasulye; pişmiş

- 1 su bardağı Keskin Çedar peyniri

- $\frac{1}{2}$ su bardağı Taze mısır; veya dondurulmuş mısır taneleri

- 2 yemek kaşığı Salantro; taze kıyılmış

- Kırmızı dolmalık biber ve Yeşil biber, Közlenmiş

TALİMATLAR

a) Orta boy bir kapta mısır unu, un, kabartma tozu, tuz, biber tozu, kimyon ve kırmızı biberi karıştırın.

b) Sütü yumurta sarısı ile çırpın ve iyice karıştırarak kuru Malzemelere ekleyin.

c) Fasulye, peynir, mısır, kişniş, kırmızı biber ve yeşil biberleri karıştırın. Yumurta aklarını yavaşça katlayın.

d) $\frac{1}{2}$ fincan yağı orta-yüksek ateşte 10 inçlik bir tavada ısıtın. Her börek için yaklaşık $\frac{1}{4}$ fincan meyilli kaşık ve altın kahverengi olana kadar kızartın.

82. Mozzarellalı börek ve spagetti

Verim: 2 Porsiyon

İÇINDEKILER

- 2 diş sarımsak

- 1 küçük demet taze maydanoz ve 3 salata soğanı

- 225 gram yağsız kıyılmış domuz eti

- Taze rendelenmiş Parmesan ve Füme mozzarella

- 150 gram spagetti veya tagliatelle

- 100 mililitre Sıcak sığır eti stoğu

- 400 gram doğranmış domates olabilir

- 1 tutam Şeker ve 1 çizgi Soya sosu

- Tuz ve biber

- 1 Yumurta ve 1 yemek kaşığı Zeytinyağı

- 75 mililitre Süt

- 50 gram Sade un; artı, toz alma için ekstra

TALİMATLAR

a) Sarımsak, salata soğanı, sarımsak, Parmesan, maydanoz ve bol tuz ve karabiberi karıştırın. Sekiz sert top haline getirin. Geniş bir tavada yağı ısıtıp köfteleri pişirin. Stoka dökün.

b) Doğranmış domatesleri, şekeri, tuzu ve karabiberi pişirip köftelere ekleyin.

c) Yağ, süt, un ve biraz tuzu, kalın, pürüzsüz bir hamur elde etmek için yumurta sarısına yedirin. Mozzarellayı ince ince dilimleyin ve ardından un serpin. Yumurta sarılarını ekleyin ve çırpılmış yumurta aklarını ekleyin.

d) Unlu mozzarella dilimlerini hamura batırın ve gevrek ve altın rengi olana kadar her iki tarafta iki dakika pişirin.

33. Emmenthal peynirli börek

Verim: 1 Kişi

İÇINDEKILER

- 1 büyük dilim ekmek
- 1 dilim jambon
- 1 yemek kaşığı Tereyağı
- 1 Dilim Emmental peyniri
- Tuz biber
- 1 yumurta

TALİMATLAR

a) Ekmeği hafifçe kızartın. Jambonu kısaca kızartın, ekmeğin üzerine koyun, peynirle kaplayın ve baharatlayın.

b) Oldukça sıcak fırına koyun ve peyniri eritin veya ocağın üstündeki kapalı tavada bırakın. Son anda, kızarmış yumurtalı üst peynir.

34. Mısır unu çedarlı börek

Verim: 1 Porsiyon

İÇINDEKILER

- 1 su bardağı Mısır unu

- 1 su bardağı rendelenmiş keskin Cheddar

- $\frac{1}{2}$ su bardağı rendelenmiş soğan

- $\frac{1}{4}$ su bardağı kıyılmış kırmızı dolmalık biber

- 1 çay kaşığı Tuz

- Cayenne, tatmak için

- $\frac{3}{4}$ su bardağı Kaynar su

- Kızartmak için bitkisel yağ

- Louisiana tarzı acı sos

TALİMATLAR

a) Bir kapta mısır unu, Cheddar, soğan, dolmalık biber, tuz ve kırmızı biberi birleştirin.

b) Kaynar suda karıştırın ve iyice karıştırın. Derin, ağır bir tavada veya fritözde 3 inç bitkisel yağı 350 F'ye ısıtın. 6 kaşık meyilli yağı yağa bırakın ve 2-3 dakika veya altın rengi kahverengi olana kadar kızartın.

35. Pirinçli börek

Verim: 12 Porsiyon

İÇINDEKILER

- 1 paket kuru maya

- 2 yemek kaşığı Ilık su

- $1\frac{1}{2}$ fincan Pişmiş pirinç; soğutulmuş

- 3 Yumurtalar; dövülmüş

- $1\frac{1}{2}$ su bardağı Un

- $\frac{1}{2}$ bardak) şeker

- $\frac{1}{2}$ çay kaşığı Tuz

- $\frac{1}{4}$ çay kaşığı Hindistan cevizi

- Derin kızartma için yağ

- şekerleme şekeri

TALİMATLAR

a) Mayayı ılık suda eritin. Pirinçle karıştırın ve gece boyunca ılık bir yerde bekletin. Ertesi gün yumurta, un, şeker, tuz ve hindistan cevizini çırpın.

b) Kalın bir hamur yapmak için gerekirse daha fazla un ekleyin. Yağı 370 dereceye veya 1 inçlik bir ekmek küpü 60 saniyede kızarana kadar ısıtın. Bir çorba kaşığı meyilli sıcak yağa bırakın ve altın kahverengi olana kadar yaklaşık 3 dakika kızartın.

:) Kağıt havluların üzerine alıp üzerine pudra şekeri serpin. sıcak servis yapın

86. yaban mersini/mısır börek

Verim: 6 Porsiyon

İÇINDEKILER

- ⅔su bardağı Un

- ⅓su bardağı mısır nişastası

- 2 yemek kaşığı Şeker

- 1 çay kaşığı Kabartma tozu

- ½ çay kaşığı Tuz

- ¼ yemek kaşığı Hindistan cevizi, öğütülmüş

- ⅓su bardağı Süt

- 2 Yumurta, ayrılmış

- Sebze yağı

- 1½ su bardağı yaban mersini

- Şekerleme şekeri ve bal

TALİMATLAR

a) Orta kasede un, mısır nişastası, şeker, kabartma tozu, tuz ve hindistan cevizini karıştırın.

b) 2 su bardağı ölçü kabında süt, yumurta sarısı ve yağı karıştırın. Un karışımına dökün. İyice karıştırın. Hamur sert olacak. Yaban mersini karıştırın. Kenara koyun.

c) Karıştırıcı yüksek olan küçük bir kapta, sert tepeler oluşana kadar yumurta aklarını çırpın. Kauçuk spatula ile, iyice karışana kadar dövülmüş yumurta beyazlarının yarısını hamura yavaşça katlayın. Daha sonra kalan çırpılmış yumurta aklarını hamura katlayın,

d) Kızgın yağa, her seferinde birkaç yemek kaşığı dolusu börek dikkatlice ekleyin. 3-4 dakika, bir kez çevirerek veya börekler altın rengi olana kadar kızartın.

37. karnaval börek

Verim: 18 Porsiyon

İÇINDEKILER

- 1 su bardağı Sıcak Su

- 8 yemek kaşığı Tuzsuz Tereyağı

- 1 yemek kaşığı Şeker

- ½ çay kaşığı Tuz

- 1 su bardağı Çok Amaçlı Un, Elenmiş

- 4 yumurta

- 1 çay kaşığı Taze Rendelenmiş Portakal Kabuğu

- 1 çay kaşığı Taze Rendelenmiş Limon Kabuğu

- 4 su bardağı Fıstık Yağı

- şekerlemecilerin şekeri

TALİMATLAR

a) Su, tereyağı, şeker ve tuzu küçük bir sos tenceresine alıp kaynatın. Tereyağı eriyince un eklenir. Bir çırpma teli ile kuvvetlice karıştırın

b) Her eklemeden sonra bir kaşıkla kuvvetlice döverek yumurtaları teker teker ekleyin. Rendelenmiş portakal ve limon kabuklarını ekleyin.

:) Derin bir tavada fıstık yağını 300 ° F'ye ısıtın.

4) Hamuru bir seferde 4 veya 5'ten fazla olmayacak şekilde sıcak yağa yemek kaşığıyla bırakın. Börekler kızarıp kabardığında, delikli bir kaşıkla alın, kağıt havluların üzerine boşaltın ve pudra şekeri serpin.

88. Armut salsa ile Garbanzo börek

Verim: 1 Porsiyon

İÇINDEKILER

- 1½ su bardağı pişmiş garbanzos, süzülmüş

- 1 çay kaşığı Tuz

- 1 orta   patates

- 1 küçük soğan, kaba rendelenmiş

- 1 yemek kaşığı Un

- 2 çay kaşığı acı biber sosu

- 3 Yumurta akı, hafifçe dövülmüş

- 2 İtalyan erik domatesleri

- 2 Sert armutlar soyulmuş, özlü ve doğranmış

- 1 yemek kaşığı Taze limon suyu

- 6 büyük Taze soğan, doğranmış

- 1 yemek kaşığı Jalapeno biberi

- 1 yemek kaşığı Sherry şarap sirkesi

- 1 çay kaşığı Bal

TALİMATLAR

a) Orta boy bir kapta patates, soğan, un ve acı biber sosunu birleştirin. Karıştırmak için iyice karıştırın. Nohut ve yumurta aklarını ekleyip karıştırın.

b) Hamurun yuvarlak yemek kaşığını tavaya bırakın ve yayılmaları için yer bırakın. Orta hararetli ateşte altın sarısı olana kadar pişirin

c) Lezzetli Armut Salsa ile servis yapın

39. Kuskus ile nohut börek

Verim: 1 Porsiyon

İÇINDEKILER

- 7 ons   kuskus, pişmiş

- $\frac{1}{2}$ küçük salatalık

- 2 Kiraz domatesi; (soyulmuş, çekirdeksiz, küp küp doğranmış)

- 1 kireç

- 6 Yeşil soğanlar; kesilmiş

- 1 kutu (14 oz) nohut süzülmüş, durulanmış

- $\frac{1}{2}$ çay kaşığı kişniş veya kişniş ve nane

- 1 kırmızı biber; tohumlanmış ince doğranmış

- 1 diş sarımsak

- Toz almak için sade un

- 5 ons   FF yoğurt

- Tuz ve taze çekilmiş karabiber

- İsteğe göre pul biber/kimyon

TALİMATLAR

a) Domatesleri, maydanozu kuskusun içine karıştırın. Limonu yarıya bölün ve suyunu sıkın. Taze soğanları kuskus halinde ince ince doğrayın.

b) Kimyon, kişniş/kişniş, biber ve kişniş/kişniş yapraklarını ekleyin. Bir diş sarımsağı doğrayın ve ekleyin. Salatalığı bir kaseye koyun ve bol baharatlarla birlikte yoğurtlu naneyi ekleyip karıştırın. İyice karıştırın

c) Nohut karışımını 6 köfte haline getirin ve hafifçe un ile toz haline getirin. Tavaya ekleyin ve birkaç dakika pişirin.

90. Mısır ve biber börek

/erim: 12 Börek

İÇINDEKILER

- 1¼ fincan Mısır, bütün çekirdek, taze veya dondurulmuş

- 1 su bardağı dolmalık biber, kırmızı; ince doğranmış

- 1 su bardağı yeşil soğan; ince doğranmış

- 1 çay kaşığı Jalapeno; ince kıyılmış

- 1 çay kaşığı öğütülmüş kimyon

- 1¼ su bardağı Un

- 2 çay kaşığı kabartma tozu

- Tuz; tatmak

- Biber, siyah; tatmak

- 1 su bardağı Süt

- 4 yemek kaşığı Yağ

TALİMATLAR

a) Mısırı, doğranmış biber, yeşil soğan ve acı biberle birlikte bir karıştırma kabına koyun.

b) Kimyon, un, kabartma tozu, tuz ve karabiber serpin; karıştırmak için karıştırın. Sütü ekleyin ve iyice karışması için karıştırın.

c) Hamuru $\frac{1}{4}$ fincanlık gruplar halinde tavaya dökün ve her iki tarafı da yaklaşık 2 dakika altın kahverengi olana kadar pişirin.

91. Chanuka börek

Verim: 1 Porsiyon

İÇINDEKILER

- 2 Maya, aktif kuru zarflar Ilık su

- 2½ su bardağı Un; 3 Tuza kadar ağartılmamış

- 2 çay kaşığı anason tohumu

- 2 yemek kaşığı Zeytin yağı

- 1 su bardağı kuru üzüm; çekirdeksiz karanlık

- 1 su bardağı zeytinyağı kızartmak için

- 1½ su bardağı Bal

- 2 yemek kaşığı Limon suyu

TALİMATLAR

a) Un, tuz ve anason tohumlarını bir kapta birleştirin. Yavaş yavaş eritilmiş mayayı ve 2 yemek kaşığı zeytinyağını ekleyin. Hamur pürüzsüz ve elastik olana kadar yoğurun

b) Kuru üzümleri çalışma yüzeyinin üzerine yayın ve hamuru üzerlerine yoğurun. Bir top haline getirin.

c) Yağı ısıtın ve elmasları her iki tarafta altın kahverengi olana kadar çevirerek birkaç seferde kızartın.

4) Balı 2 yemek kaşığı limon suyu ile bir tencerede ısıtın ve sadece 3 dakika kaynatın. Servis tabağına alıp üzerlerine sıcak balı dökün.

92. Çikolata kaplı cevizli börek

Verim: 4 düzine

İÇINDEKILER

- 2 paket Vanilyalı karamel; 6 oz. ea.

- 2 yemek kaşığı Süt, buharlaştırılmış

- 2 bardak Pekan yarısı

- 8 ons   Sütlü çikolata çubuk; karelere bölünmüş

- ⅓ parafin çubuğu; parçalara ayrılmış

TALİMATLAR

a) Karamelleri ve sütü çift kazanın üstünde birleştirin; sürekli
   karıştırarak karamel eriyene kadar ısıtın. Tahta kaşıkla
   krema kıvamına gelene kadar çırpın; cevizleri karıştırın.
   Tereyağlı mumlu kağıda çay kaşığı damla; 15 dakika bekletin.

b) Çift kazanın tepesinde çikolata ve parafini birleştirin;
   eriyene ve pürüzsüz olana kadar ısıtın, ara sıra karıştırarak.

c) Bir kürdan kullanarak her böreği çikolata karışımına batırın.

d) Soğuması için yağlı kağıt üzerine yerleştirin.

93. <u>choux börek</u>

Verim: 1 Porsiyon

İÇINDEKILER

- $\frac{1}{2}$ su bardağı Tereyağı veya margarin

- 1 su bardağı Kaynar su

- $\frac{1}{4}$ çay kaşığı Tuz

- $1\frac{3}{4}$ su bardağı Un

- 4 yumurta

- 4 su bardağı Bitkisel yağ; (12 oz.)

- Toz şeker

TALİMATLAR

a) Orta ateşte bir tencerede tereyağı, kaynar su, tuz ve unu birleştirin. Karışımı tavanın kenarlarından ayrılıp bir top oluşturana kadar kuvvetlice çırpın. Ateşten alın ve hafifçe soğutun. Çelik bıçaklı bir karıştırıcıya veya mutfak robotuna dökün ve her eklemeden sonra iyice çırparak yumurtaları teker teker ekleyin. Tüm yumurtalar eklenip kıvamı koyulaşınca kaşıkla kaldırıldığında şeklini koruması gerekir.

b) Bir çorba kaşığı önce kızgın yağa, sonra hamura batırın.

c) Bir yemek kaşığı kadar harcı dikkatlice kızgın yağa dökün ve her tarafı kızarana kadar pişirin. Oluklu bir kaşıkla yağdan çıkarın ve kağıt havluların üzerine boşaltın.

94. Noel pudingi börek

Verim: 1 Porsiyon

İÇINDEKILER

- 25 gram Kendiliğinden kabaran un
- 125 mililitre Bira
- 125 mililitre Süt
- 125 mililitre Soğuk su
- 1 Kalan Noel pudingi
- 1 Sade un
- 1 fritöz yağ ile

TALİMATLAR

a) Bir meyilli yapmak için ilk dört malzemeyi birleştirin. 20 dakika kenara koyun.

b) Fritözü 180C'ye ısıtın.

c) Pudingi küpler veya parmaklar halinde kesin, unun içinde yuvarlayın ve ardından hamura daldırın. altın kadar derin kızartın.

d) Mutfak havlusunun üzerine alıp servis yapın.

95. Fransız börekleri

Verim: 1 Porsiyon

İÇINDEKILER

- 2 yumurta; ayrılmış
- ⅔ su bardağı Süt
- 1 su bardağı Un; elenmiş
- ½ çay kaşığı Tuz
- 1 yemek kaşığı Tereyağı; erimiş
- 2 yemek kaşığı Limon suyu
- 1 Limon; rendelenmiş kabuk
- 2 yemek kaşığı Şeker
- 4 Elma veya portakal, ananas
- İncir veya armut

TALİMATLAR

a) Dilediğiniz meyve dilimlerini limon kabuğu ve şekerle serpin ve 2-3 saat bekletin. İnce Fritter Hamurunu boşaltın ve daldırın.

b) Hamur: Mikser, yumurta sarısı, süt, un, tuz tereyağı ve limon suyu ile birlikte çırpın. Sert dövülmüş yumurta beyazlarını katlayın.

c) Derin yağda kızartın 375

d) Süzün ve 10xşeker veya tatlı bir şurup veya sos ile sıcak servis yapın.

Verim: 24 Börek

İÇINDEKILER

- 3 adet Yumurta

- 1 yemek kaşığı Krem

- ½ çay kaşığı Tuz

- 2 su bardağı Süt

- 2 çay kaşığı kabartma tozu

- 4 su bardağı Un

TALİMATLAR

a) Kabartma tozu ve tuzu unla karıştırıp sütü ekleyin. Yumurtaları ve kremayı birlikte çırpın ve un karışımına karıştırın.

b) Yemek kaşığı ile sıcak yağa bırakın, 370F'ye ısıtın ve yaklaşık 5 dakika bitene kadar kızartın.

c) Sıcak akçaağaç şurubu ile servis yapın.

97. <u>suvganiyot</u>

251

Verim: 20 veya 25

İÇİNDEKILER

- 1 su bardağı ılık su

- 1 paket kuru maya

- 1 yemek kaşığı Şeker

- 4 su bardağı Çok amaçlı un

- 1 su bardağı ılık süt

- 1 yemek kaşığı tuzsuz tereyağı (erimiş)

- 1 yemek kaşığı Yağ

- 1 yumurta

- 2 çay kaşığı Tuz

- 3 yemek kaşığı Şeker

- Zevkinize göre reçel

- Üzerine serpmek için şeker ve tarçın

TALİMATLAR

a) Maya malzemelerini karıştırıp 10 dakika dinlendirin.

b) Maya karışımını un hariç tüm Malzemelerle karıştırın. Unu yavaşça karıştırın ve iyi çalışın. 3 saat dinlenmeye bırakın. Sıcak ve derin yağda kızartın, meyilli büyük bir kaşıkla ölçün.

c) Eşit şekilde kızarmak için bir kez çevirin. Kağıt havluların üzerine boşaltın. Soğuyunca reçeli doldurun ve üzerine şeker ve tarçın serpin.

98. Şarap börekleri

Verim: 4 Porsiyon

İÇINDEKILER

- 4 çubuk tipi rulolar

- 200 gram Un (1 3/4 su bardağı)

- 2 yumurta

- $\frac{1}{4}$ litre Süt

- 1 tutam Tuz

- Derin kızartma için yağ

- $\frac{1}{2}$ litre Şarap VEYA elma şarabı

- Tadımlık şeker

TALİMATLAR

a) Un, yumurta, süt ve tuzu bir hamur haline getirin. Ruloları 4 dilime kesin. Dilimleri hamura batırın ve ardından altın kahverengi olana kadar kızartın.

b) Börekleri bir kaseye yerleştirin ve üzerlerine sıcak, şekerli şarap veya elma şarabı dökün. Servis yapmadan önce şarabı emmeleri için onlara zaman verin.

99. Tarçınlı börek

Verim: 1 Porsiyon

İÇİNDEKİLER

- 1 su bardağı Sıcak su

- ⅓fincan Kısaltma

- 2 bardak un

- ½ bardak) şeker

- 1 yemek kaşığı Tarçın

- Tuz

- 2 çay kaşığı kabartma tozu

- Derin kızartma için sıvı yağ

- ¼ Tarçın

- ½ su bardağı pudra şekeri

TALİMATLAR

a) Tavuğu sıcak suda eritin. Un, şeker, tarçın, tuz ve kabartma tozunu ekleyip karıştırın. İyice karıştırın. Bir topun içine yuvarlayın ve hamuru en az 1 saat soğutun. 1 "bitkisel yağı bir fritöz veya tavada 375'e ısıtın. Küçük hamur topaklarını kırın ve toplar halinde yuvarlayın.

b) 3-4 dakika kahverengileşinceye kadar kızartın

c) Delikli kepçe ile kızgın yağdan çıkarın. Kağıt havluların üzerine boşaltın ve rafta birkaç dakika soğutun. Tarçın ve şekeri bir kapta karıştırın. Sıcak tarçınlı börekleri tamamen kaplayacak şekilde şeker karışımına bulayın. Sıcak servis yapın.

100. Baharatlı daldırma soslu mısır börekleri

Verim: 8 Porsiyon

İÇİNDEKILER

- 2 büyük Yumurta; dövülmüş

- $\frac{3}{4}$ su bardağı Süt

- 1 çay kaşığı öğütülmüş kimyon

- 2 bardak un

- Tatmak için biber ve tuz

- 2 su bardağı Mısır Çekirdeği

- 3 yemek kaşığı Maydanoz; doğranmış

Baharatlı Portakal Sosu

- $\frac{1}{2}$ su bardağı portakal marmelatı

- $1\frac{3}{8}$ su bardağı taze portakal suyu

- 1 yemek kaşığı Zencefil; rendelenmiş

- $\frac{1}{2}$ çay kaşığı Dijon tarzı hardal

TALİMATLAR

a) Bir kapta yumurta ve sütü çırpın. Başka bir kapta unun üzerine kimyonu karıştırın. Tuz ve karabiberle güzelce tatlandırın

b) Yumurta karışımını bir çırpma teli ile unun içine yedirin. Mısır ve maydanozu karıştırın. Yağı 375 °C'ye ısıtın Mısır karışımını tavayı doldurmadan sıcak yağın içine bırakın. Altın kahverengi olana kadar bir kez çevirerek kızartın

c) Çıkarın ve kağıt havlu üzerinde süzün. Sos malzemelerini karıştırıp servis yapın.

ÇÖZÜM

Tatlı veya tuzlu, mütevazi börek lezzetli bir şekilde çok yönlüdür. Kızartma tavasından gevrek ve sıcak, özellikle tembel bir hafta sonu kahvaltısının bir parçası olarak, hamur bazlı yemeğin tadını çıkarmanın en iyi yolu.

Biraz özenle, kahvaltı, akşam yemeği, tatlı veya sadece atıştırmalık olarak uygun, zengin ve çökmekte olan bir muamele olan ev yapımı börek yapmak kolaydır. Bu kitapta, hemen hemen herkesi memnun edecek, deneyebileceğiniz çok çeşitli börek tarifleri var.

Börek yapmaya başlamadan önce, mutfağınıza ve damak zevkinize uygun doğru hamuru bulun. Serinletici bir lezzet için hafif tatma hindistancevizi yağı kullanan bu temel hamur tarifini deneyin. Tatlı ve meyveliden ete ve tuzluya kadar seçtiğiniz farklı dolguları karıştırın.

CPSIA information can be obtained
at www.ICGtesting.com
Printed in the USA
LVHW081959101222
734929LV00021B/344